Н. В. Володина, В. А. Егупова,
Е. А. Пьянкова, С. В. Пятак

Годовой курс развивающих занятий

ДЛЯ ОДАРЕННЫХ ДЕТЕЙ
4–5 лет

#эксмодетство

Москва
2022

УДК 372.3/.4
ББК 74.102
В68

Авторы:
Володина Н.В., Егупова В.А., Пьянкова Е.А., Пятак С.В.

Володина, Наталья Владимировна.

В68   Годовой курс развивающих занятий: для одаренных детей 4–5 лет / Н.В. Володина, В.А. Егупова, Е.А. Пьянкова, С.В. Пятак. — Москва : Эксмо, 2022. — 320 с. : ил. — (Ломоносовская школа).

Книга включает в себя полный годовой курс развивающих занятий для детей 4–5 лет по основным направлениям дошкольного образования: грамота, математика, подготовка руки к письму, знакомство с окружающим миром, развитие речи, логики, внимания, воображения. Не нужно приобретать множество различных пособий, все, что нужно, есть в этой книге.

Задания расположены по мере усложнения и представлены в игровой форме.

В книге учтены возрастные особенности дошкольников, что делает ее незаменимым помощником родителям и педагогам для занятий с ребенком.

УДК 372.3/.4
ББК 74.102

Все права защищены. Книга или любая ее часть не может быть скопирована, воспроизведена в электронной или механической форме, в виде фотокопии, записи в память ЭВМ, репродукции или каким-либо иным способом, а также использована в любой информационной системе без получения разрешения от издателя. Копирование, воспроизведение и иное использование книги или ее части без согласия издателя является незаконным и влечет уголовную, административную и гражданскую ответственность.

Пособие для развивающего обучения
дамыту біліміне арналған баспа

Для старшего дошкольного возраста
мектепке дейінгі ересек балаларға арналған

ЛОМОНОСОВСКАЯ ШКОЛА

Володина Наталья Владимировна
Егупова Валентина Александровна
Пьянкова Елена Анатольевна
Пятак Светлана Викторовна

Годовой курс развивающих занятий
(орыс тілінде)

Для одаренных детей 4–5 лет

Ответственный редактор *А. Жилинская*. Ведущий редактор *В. Ермолаева*
Художественный редактор *Е. Анисина*. Технический редактор *Л. Зотова*
Компьютерная верстка *Л. Кузьминова*

Страна происхождения: Российская Федерация
Шығарылған елі: Ресей Федерациясы
Соответствует техническому регламенту ТР ТС 007/2011
КО ТР 007/2011 техникалық регламентіне сәйкес келеді

ООО «Издательство «Эксмо»
123308, Россия, город Москва, улица Зорге, дом 1, строение 1, этаж 20, каб. 2013.
Тел.: 8 (495) 411-68-86.
Home page: www.eksmo.ru   E-mail: info@eksmo.ru
Өндіруші: «ЭКСМО» АҚБ Баспасы,
123308, Ресей, қала Мәскеу, Зорге көшесі, 1 үй, 1 ғимарат, 1 үй, 1 ғимарат, 20 қабат, офис 2013 ж.
Тел.: 8 (495) 411-68-86.
Home page: www.eksmo.ru   E-mail: info@eksmo.ru.
Тауар белгісі: «Эксмо»
Интернет-магазин : www.book24.ru
Интернет-магазин : www.book24.kz
Интернет-дүкен : www.book24.kz
Импортёр в Республику Казахстан ТОО «РДЦ-Алматы».
Қазақстан Республикасындағы импорттаушы «РДЦ-Алматы» ЖШС.
Дистрибьютор и представитель по приему претензий на продукцию,
в Республике Казахстан: ТОО «РДЦ-Алматы»
Қазақстан Республикасында дистрибьютор және өнім бойынша арыз-талаптарды қабылдаушының өкілі «РДЦ-Алматы» ЖШС,
Алматы қ., Домбровский көш., 3«а», литер Б, офис 1.
Тел.: 8 (727) 251-59-90/91/92; E-mail: RDC-Almaty@eksmo.kz
Өнімнің жарамдылық мерзімі шектелмеген.
Сертификация туралы ақпарат сайтта: www.eksmo.ru/certification
Сведения о подтверждении соответствия издания согласно законодательству РФ о техническом регулировании можно получить на сайте Издательства «Эксмо» www.eksmo.ru/certification
Өндірген мемлекет: Ресей. Сертификация қарастырылмаған.

Дата изготовления / Подписано в печать 10.02.2022. Формат 60×84 $^1/_8$.
Гарнитура «Прагматика». Печать офсетная. Усл. печ. л. 37,33.
Доп. тираж 7000 экз. Заказ № 7669.

Отпечатано с электронных носителей издательства.
ОАО «Тверской полиграфический комбинат». 170024, Россия, г. Тверь, пр-т Ленина, 5.
Телефон: (4822) 44-52-03, 44-50-34, Телефон/факс :(4822) 44-42-15
Home page - www.tverpk.ru Электронная почта (E-mail) - sales@tverpk.ru

© Коллектив авторов, 2013
© Оформление. ООО «Издательство «Эксмо», 2022

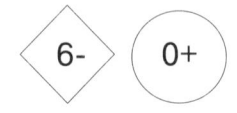

ISBN 978-5-699-66098-8

УВАЖАЕМЫЕ ВЗРОСЛЫЕ!

Предлагаемое пособие рассчитано на совместную работу взрослого и ребёнка и содержит развивающие упражнения для занятий с детьми 4—5 лет в течение всего года. Книга состоит из четырех разделов, которые различаются по сферам деятельности и предназначены для формирования у детей элементарных математических представлений, сообразительности, зрительной памяти, наглядно-схематического мышления.

1. Начинаем считать

Выполняя задания, ребенок приобретет простейшие знания о множестве и числе, об отношениях величин и основных пространственных представлениях и отношениях между предметами, усвоит некоторые математические термины вычислительных действий: «прибавить», «вычесть», «получится», «равняется», «больше», «меньше» и т. д.

В раздел включены упражнения на развитие восприятия, памяти, мышления. Формирование этих психических процессов у ребенка является залогом успешной подготовки к изучению математики в школе.

2. Изучаем звуки и буквы

Рекомендуется детям, не знающим буквы или знающим лишь некоторые из них. Знакомя с буквой, необходимо учить четко произносить звук, который она обозначает. Ребенок должен понимать, что звук мы слышим и произносим, а букву видим и пишем. Нужно показать малышу, как связывать две буквы в один слог, и помочь прочитать простые слова.

Все задания способствуют развитию фонематического слуха и совершенствованию навыков произношения звуков русского языка; фор-

Годовой курс

мированию грамматических навыков и обогащению словарного запаса ребенка; обучению написания печатных букв; развитию связной речи, мышления, внимания, памяти, воображения.

3. Готовим руку к письму

Первое время следует выполнять упражнения вместе с малышом, встать за его спиной, вложить в его руку карандаш (использовать фломастер или ручку не рекомендуется) и помочь ему в этом нелегком занятии. Выполняйте задания последовательно, так как каждое может дополнять другое. Вскоре малыш сможет работать в пособии самостоятельно.

4. Познаем мир

Так как ребенок еще не умеет читать, то работа должна проводиться совместно с взрослым и включать посильные для малыша упражнения. Прочтите задания и объясните значение непонятных слов. Занимаясь по нашему пособию, дети:

- получат первоначальные сведения об окружающем мире;
- разовьют и укрепят речевые навыки, мышление, память, внимание, мелкую моторику рук;
- будут лучше представлять окружающие их предметы, явления природы, жизнь людей и животных.

Обратите внимание малыша на условные значки к заданиям:

Успехов вам и вашим детям!

Начинаем считать

Занятие 1
ОДИН

✏️ Раскрась цветным карандашом большую цифру 1.

Один

0 1

Посмотри — перед тобой прямая линия, на ней записаны цифры, которые ты уже знаешь. На ней

Занятие 1

будут появляться новые числа, с которыми ты познакомишься. Эту линию мы будем называть числовой прямой.

Посм... числовую прямую и покажи на ней цифр...

...ребёнку, для чего нужна числовая прямая. ...еть, в каком порядке идут цифры, «соседей» ...щее и последующее число; по ней ребёнок ...ся решать примеры. Вы должны постоянно обра... прямой по мере изучения новых цифр. Вместо ...ожно использовать школьную линейку.

...ом рисунке обведи карандашом предмет, ...ется от остальных.

Занятие 2
ДВА

✏️ Раскрась цветным карандашом большую цифру 2.

0 1 2

❓ Найди на числовой прямой цифры 1, 0, 2. А теперь покажи и назови их по порядку.

Занятие 2

 Покатаемся на качелях. В пустых клеточках под рисунками запиши карандашом, сколько медвежат сидит на каждой стороне доски.

? Посмотри внимательно на третий рисунок. Два медвежонка перевесили одного. Как ты думаешь, почему? Сколько медвежат надо подсадить к одному медвежонку для равновесия?

Родителям. Объясните ребёнку, что такое равновесие, покажите на примере.

 Обведи цветы, которые наклонились в правую сторону, красным карандашом, а цветы, которые наклонились в левую сторону — жёлтым.

Родителям. Напомните малышу, где право, а где лево.

Начинаем считать

! Посмотри на рисунки и ответь, что было сначала, а что произошло потом.

 Потренируйся писать цифры 1 и 2. Продолжи рисовать узоры карандашом.

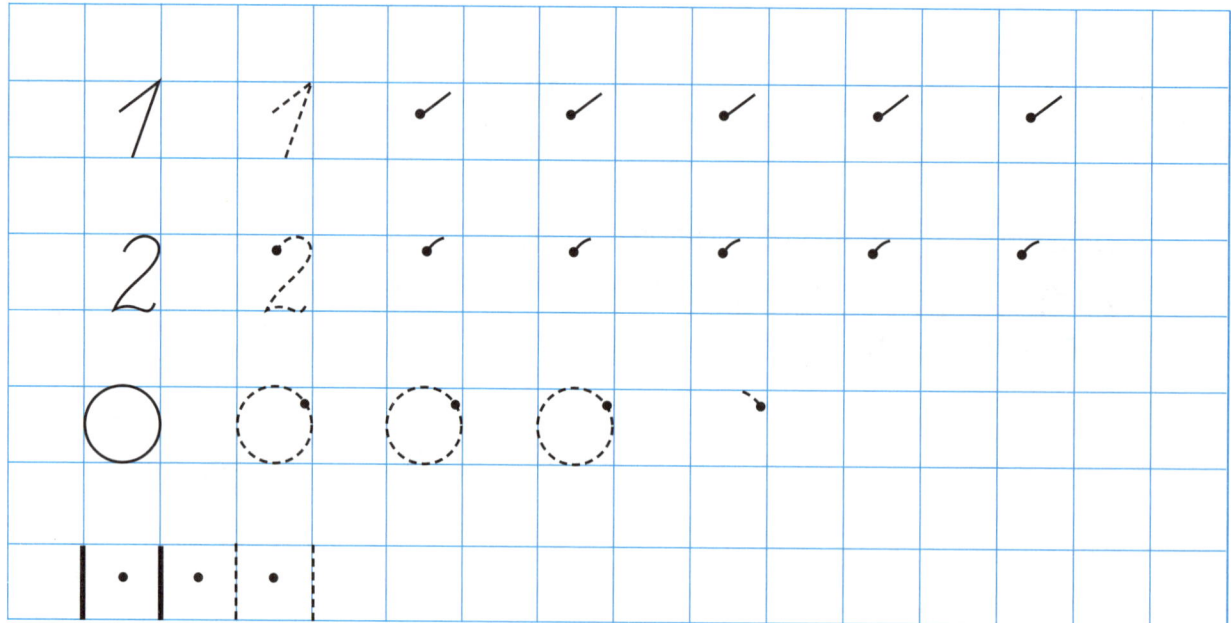

Занятие 3
ТРИ

Раскрась цветным карандашом большую цифру 3. Покажи на числовой прямой цифру 3. Покажи и назови по порядку все цифры, которые находятся на числовой прямой.

Родителям. Попросите ребёнка показать цифры вразнобой, назвать «соседей» чисел 1 и 2.

Начинаем считать

 Раскрась цветными карандашами стаканчик с тремя предметами.

 Сосчитай, сколько предметов на каждом рисунке. Соедини рисунки с соответствующими цифрами. Работай карандашом.

Занятие 3

 Рассмотри внимательно рисунок и зачеркни красным карандашом цифры, которые написаны неправильно. Найди правильно написанные цифры 0, 1, 2, 3 и обведи их в квадратик.

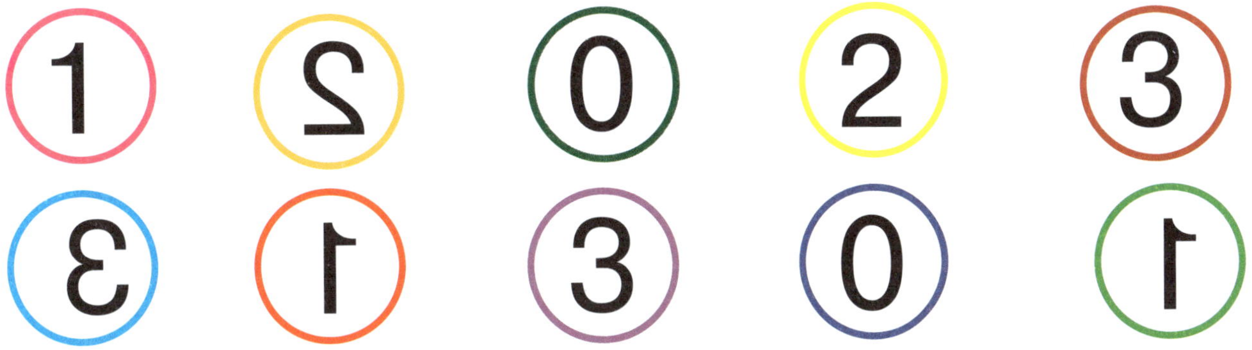

 Потренируйся писать цифру 3. Продолжи узор. Работай карандашом.

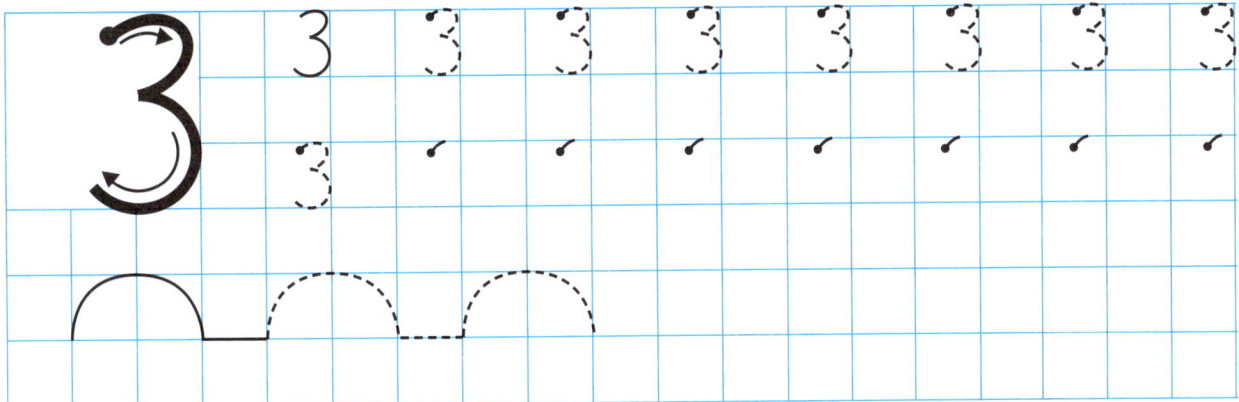

Занятие 4

 Сосчитай, сколько фруктов на каждой тарелке. Обведи цифры карандашом такого же цвета, что и фрукты.

Посмотри, какой красивый пеликан. У него очень большой клюв. Пеликан любит ловить и есть рыбок. Его клюв всегда широко раскрывается в ту сторону, где их больше.

Занятие 4

А от маленькой кучки с рыбой он отворачивается. Если же кучки с рыбой одинаковые, то пеликану трудно выбрать, что съесть, он долго думает, и клюв у него закрыт. Тебе трудно будет всякий раз рисовать пеликана, когда нужно сравнить числа, поэтому в математике принято вместо клюва пеликана писать такие значки:

> БОЛЬШЕ   < МЕНЬШЕ   = РАВНО

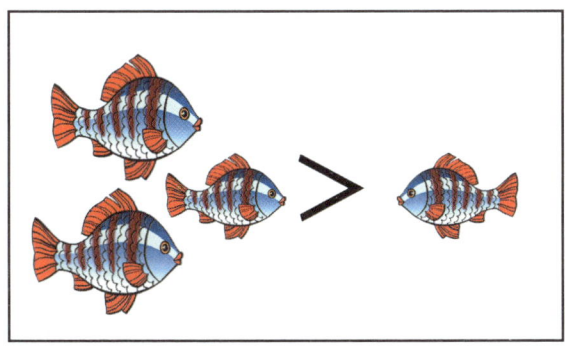
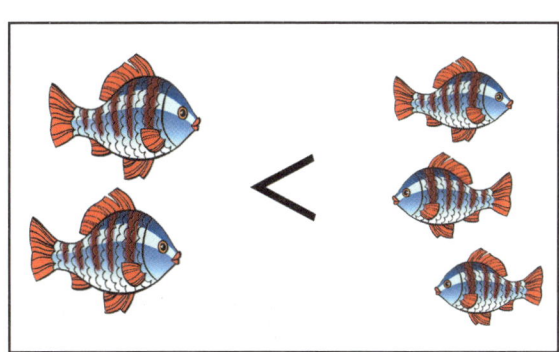
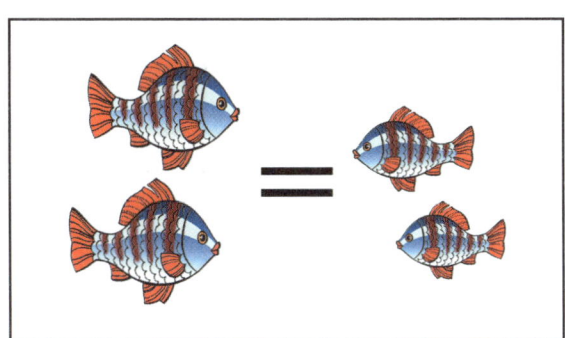
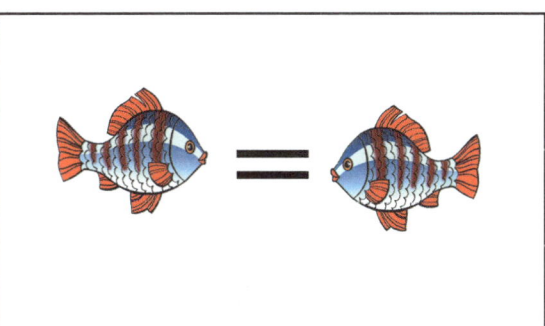

Родителям. Учите ребёнка сравнивать группы предметов, познакомьте его со знаками > (больше), < (меньше), = (равно).

Обратите внимание малыша на клюв пеликана: клюв всегда широко раскрывается в ту сторону, где больше рыбок.

Занятие 5
ЧЕТЫРЕ

Раскрась цветным карандашом большую цифру 4. Покажи на числовой прямой цифру 4. Покажи и назови по порядку все цифры, которые находятся на числовой прямой. Назови «соседей» чисел 1, 2, 3.

Четыре

0 1 2 3 4

Занятие 5

 Сосчитай, сколько предметов на каждом рисунке, и обведи карандашом нужную цифру.

 Потренируйся писать цифры. Продолжи узор. Работай карандашом.

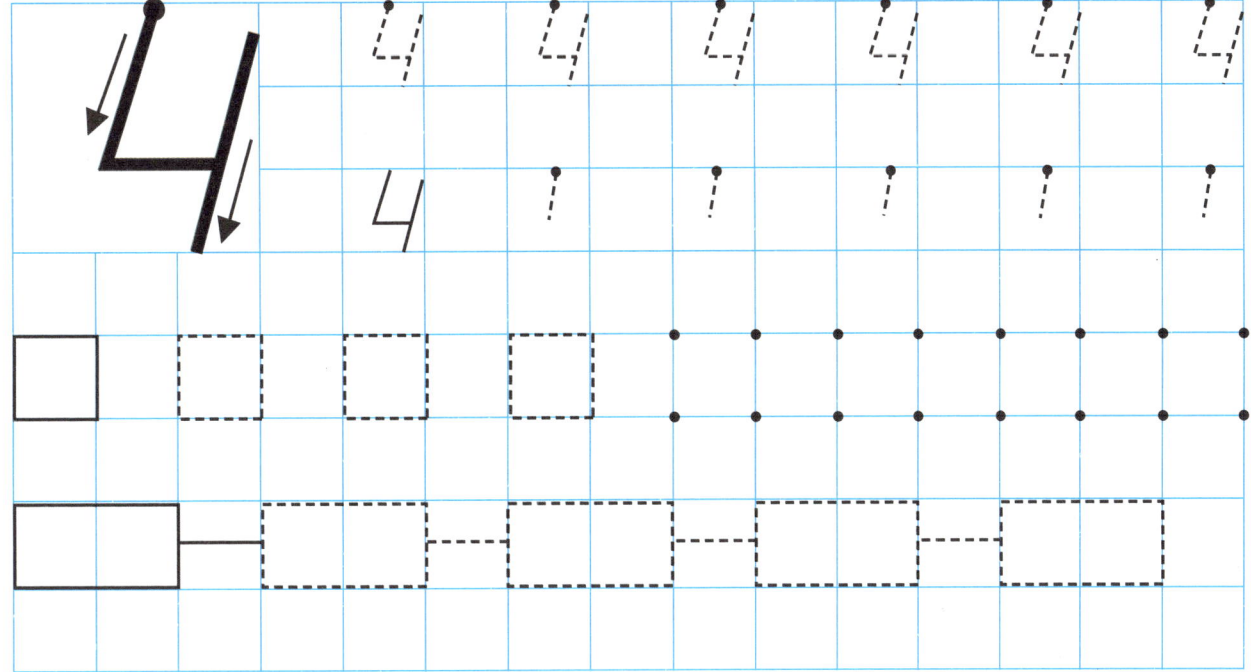

Занятие 6
ПЯТЬ

Раскрась цветным карандашом большую цифру 5. Покажи на числовой прямой цифру 5. Покажи и назови по порядку все цифры, которые находятся на числовой прямой. Покажи «соседей» чисел 3, 2, 4.

Родителям. Покажите ребёнку, что числа, которые находятся слева, меньше чисел, находящихся справа, и наоборот. У ребёнка нужно вырабатывать навык определения величины числа в зависимости от направления движения по числовой прямой. Вправо числа увеличиваются, а влево — уменьшаются.

Занятие 6

 Сосчитай и запиши карандашом количество.

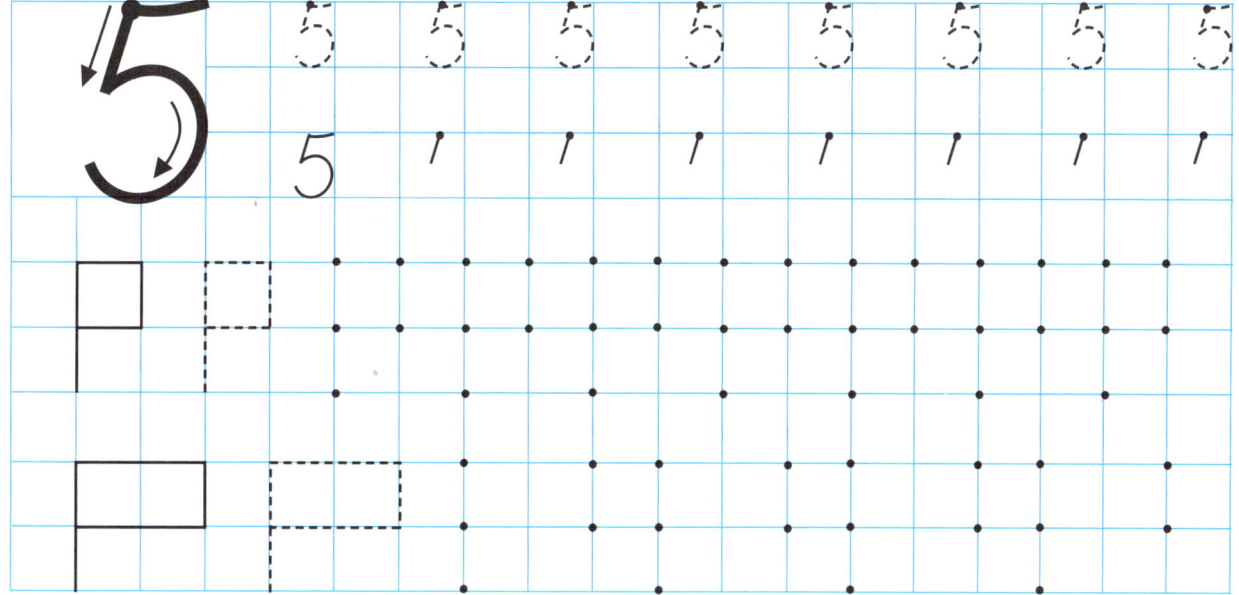 Потренируйся писать цифры. Нарисуй флажки. Работай карандашом.

Занятие 7
ШЕСТЬ

✏️ Раскрась цветным карандашом большую цифру 6. Покажи на числовой прямой цифру 6. Покажи и назови по порядку все цифры, которые находятся на числовой прямой. Покажи «соседей» чисел 5, 1, 3, 4.

Шесть

6
6
6

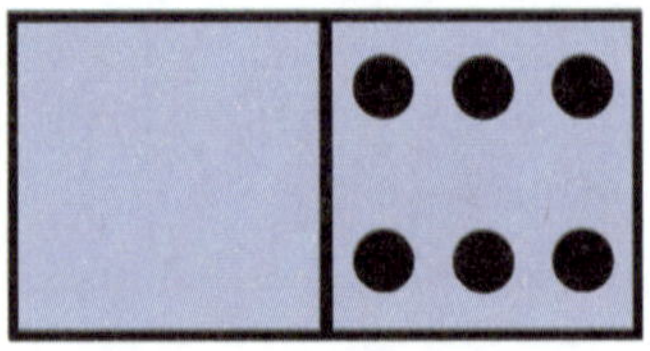

0 1 2 3 4 5 6

Занятие 7

 Зачеркни все цифры 6 красным карандашом, цифры 5 — синим карандашом.

5	7	9	6	8	9	7	3	0	1
9	7	6	5	4	3	2	1	6	8
5	4	3	9	5	3	2	1	6	7
9	1	6	9	3	5	2	4	8	7

Какие овощи и фрукты ты видишь на рисунке? Положи в корзинку все фрукты, а в ведёрко все овощи. Покажи стрелками.

 Запиши карандашом в пустых клеточках, сколько овощей и фруктов ты собрал?

Родителям. Перед выполнением упражнения спросите у малыша, какие фрукты и овощи он знает.

Начинаем считать

 Сосчитай предметы на рисунках и сравни, где их больше, где меньше, а где одинаковое количество. Поставь карандашом в квадратиках знаки >, <, =.

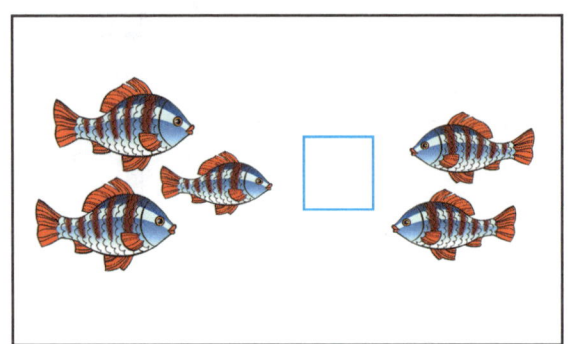
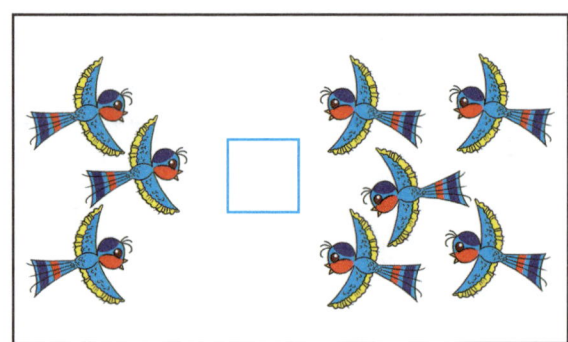

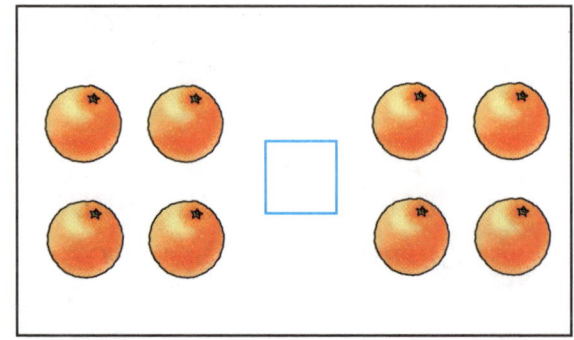

Занятие 7

 Сосчитай, сколько игрушек на каждом рисунке. Соедини рисунки с соответствующими цифрами. Работай карандашом.

 Потренируйся писать цифры. Нарисуй кружочки. Работай карандашом.

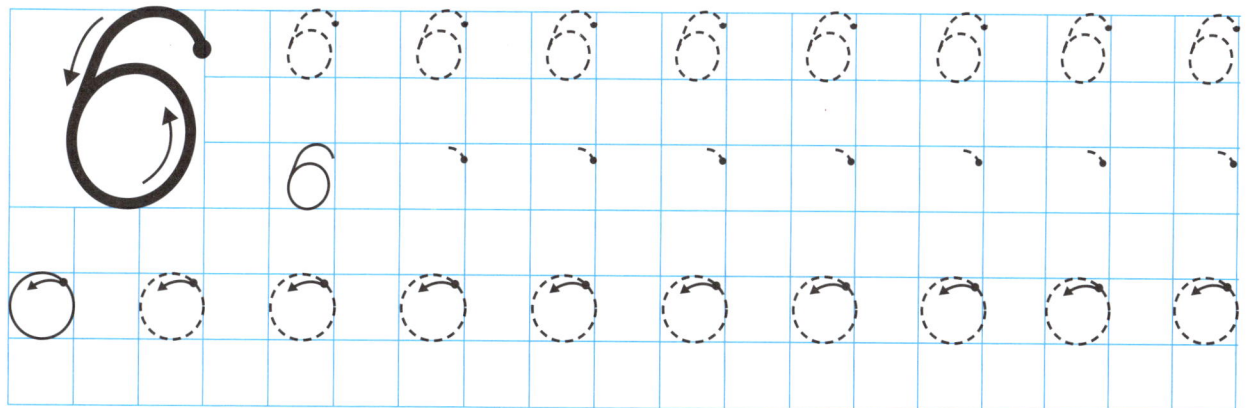

Занятие 8
СЕМЬ

✏️ Раскрась цветным карандашом большую цифру 7.
Покажи на числовой прямой цифру 7.

Семь

7 7 7

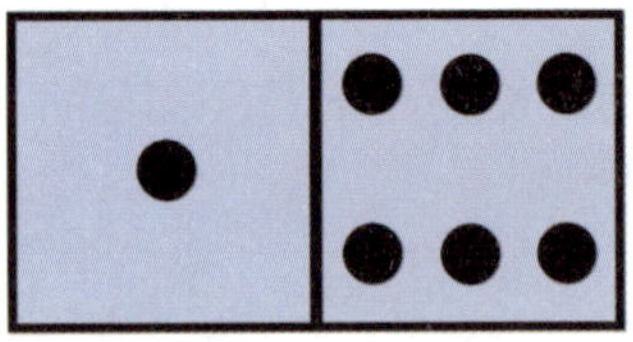

0 1 2 3 4 5 6 7

❓ Покажи и назови по порядку все цифры, которые находятся на числовой прямой. Покажи «соседей» чисел 5, 6, 3, 2, 4.

Занятие 8

 Раскрась зонтики синим карандашом, а ведёрки — жёлтым. Сосчитай, сколько получилось зонтиков на каждом рисунке, обведи синим карандашом нужную цифру. Сосчитай, сколько получилось ведёрок на каждом рисунке, обведи жёлтым карандашом нужную цифру.

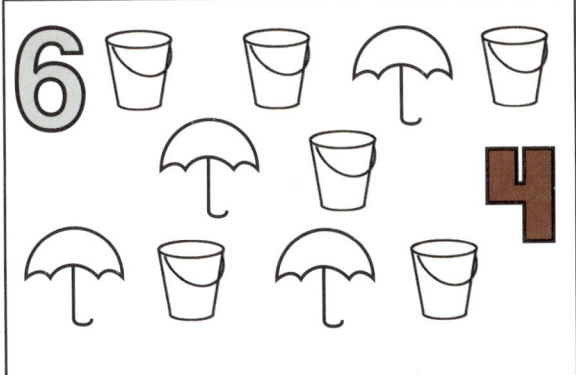

Начинаем считать

 Соедини тарелки, на которых лежит одинаковое количество яблок. Раскрась эти яблоки одним и тем же цветом. Работай цветными карандашами.

! Рассмотри рисунки. Какое время суток изображено на каждом из них? Почему ты так думаешь?

Родителям. Объясните ребёнку, что означает слово СУТКИ, расскажите о том, что сутки делятся на утро, день, вечер, ночь.

Занятие 8

 Рассмотри внимательно цифры и зачеркни красным карандашом те, которые написаны неправильно. Найди правильно написанные цифры 1, 2, 3, 4, 5, 6, 7, обведи их в кружок.

 Потренируйся писать цифры. Продолжи узор. Работай карандашом.

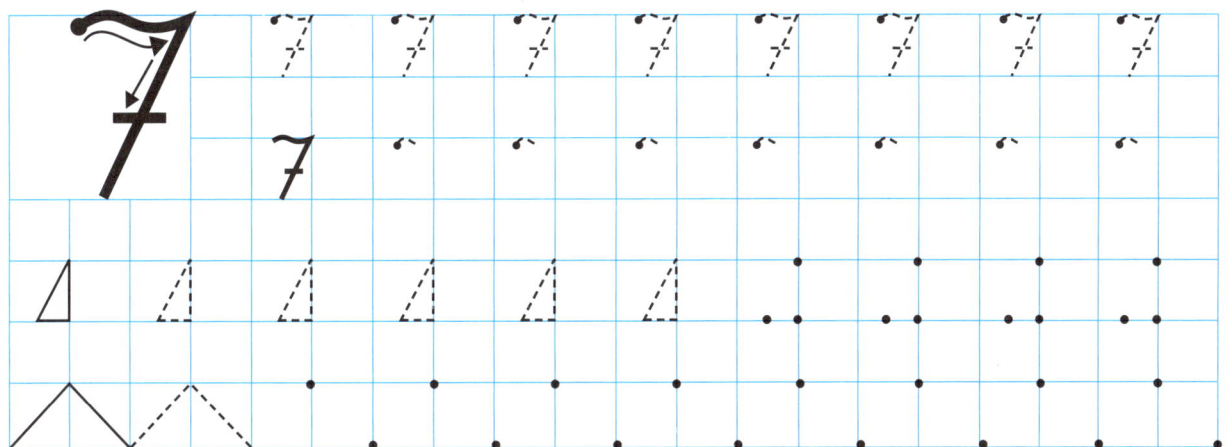

Занятие 9
ВОСЕМЬ

✏️ Раскрась цветным карандашом большую цифру 8. Покажи на числовой прямой цифру 8.

Восемь

8 8
  8

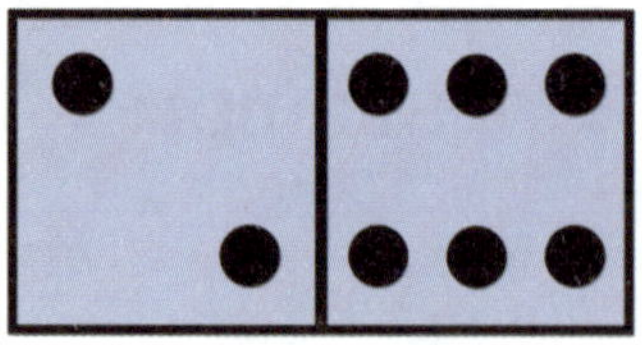

0 1 2 3 4 5 6 7 8

Занятие 9

 Отметь крестиком рисунок, на котором 3 машины едут налево. Работай карандашом.

 Сосчитай, сколько предметов на каждом рисунке, и обведи карандашом нужную цифру.

 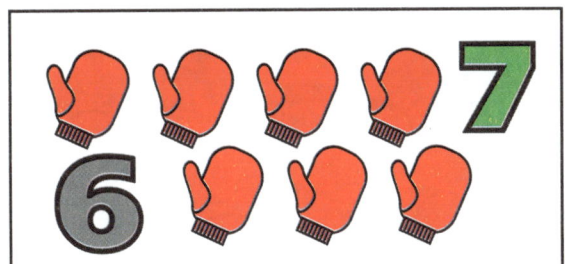

 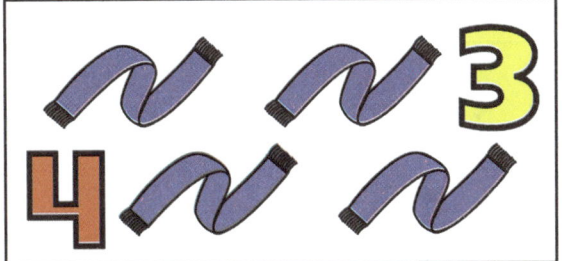

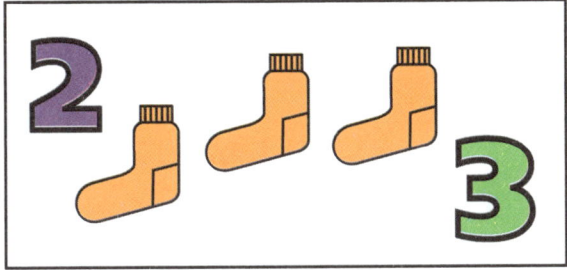 

Начинаем считать

 Сосчитай, сколько больших предметов на каждом рисунке, и напиши соответствующие цифры в большие кружки. А теперь сосчитай маленькие предметы и запиши их количество в маленькие кружки. Назови, каких предметов больше на каждой картинке.

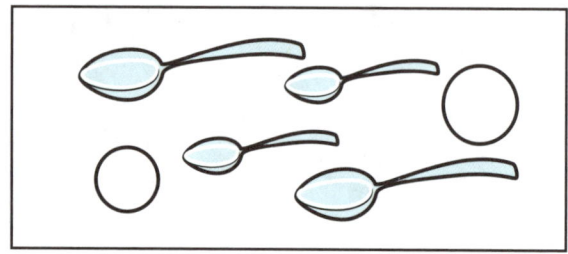

 Потренируйся писать цифры. Продолжи узор. Работай карандашом.

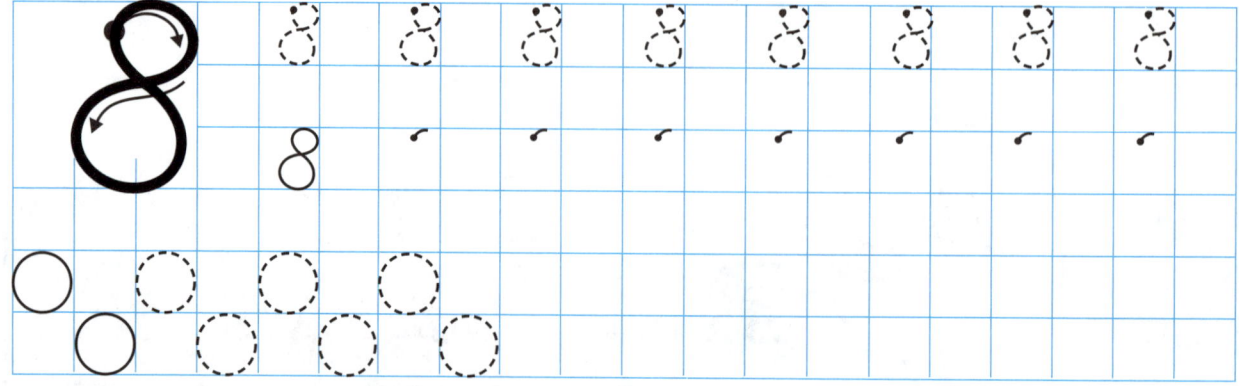

Занятие 10
ДЕВЯТЬ

Раскрась цветным карандашом большую цифру 9. Покажи на числовой прямой цифру 9. Покажи и назови по порядку все цифры, которые находятся на числовой прямой. Покажи «соседей» чисел 1, 6, 4, 2, 8.

Девять

9 9 9

0 1 2 3 4 5 6 7 8 9

Начинаем считать

 Как можно быстрее зачеркни все цифры по порядку, начиная с самой маленькой цифры. Работай карандашом.

6	9	2
3	1	8
7	5	4

 Как можно быстрее зачеркни все цифры по порядку, начиная с самой большой цифры. Работай карандашом.

1	5	6
7	3	8
4	9	2

Родителям. Ребёнок может использовать числовую прямую.

Занятие 10

 Нарисуй ещё несколько грибов, но так, чтобы их было меньше, чем цветов. Запиши карандашом в клеточки количество цветов и получившееся количество грибов.

 Потренируйся писать цифры. Продолжи узор. Раскрась ёлочки. Работай карандашом.

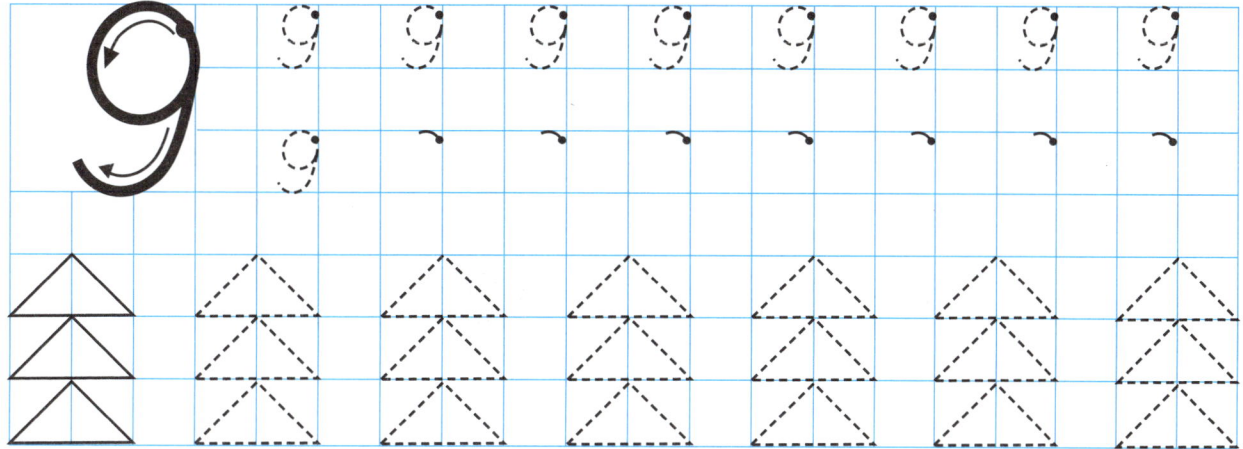

Занятие 11
ДЕСЯТЬ

✏️ Раскрась цветным карандашом число 10. Покажи на числовой прямой число 10. Покажи и назови по порядку все цифры, которые находятся на числовой прямой. Покажи «соседей» чисел 9, 3, 8, 5, 3, 6.

Десять 10 10 10

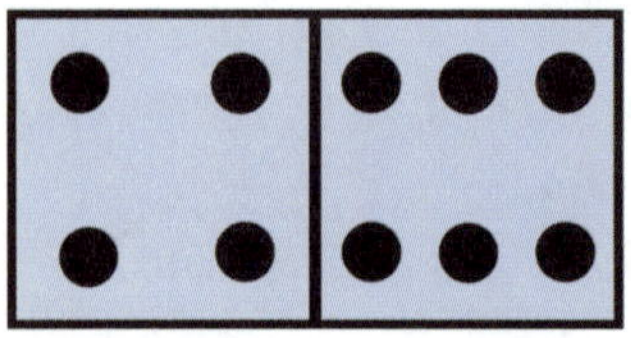

0 1 2 3 4 5 6 7 8 9 10

Занятие 11

Сосчитай, сколько предметов на каждом рисунке, и обведи карандашом нужную цифру.

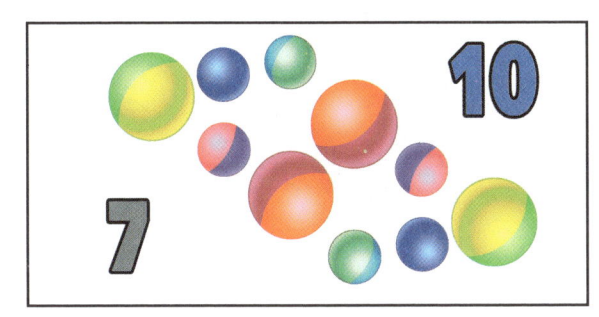

Сосчитай, сколько зверюшек качается на каждой стороне доски. Напиши карандашом в пустых клеточках, сколько зверюшек надо посадить на качели для равновесия.

Начинаем считать

Сосчитай и вспомни все цифры, которые ты уже знаешь. Соедини стрелочкой предметы с нужной цифрой. Работай карандашом.

8

2

1

6

7

10

3

4

5

9

Обведи карандашом цифры и пирамидки.

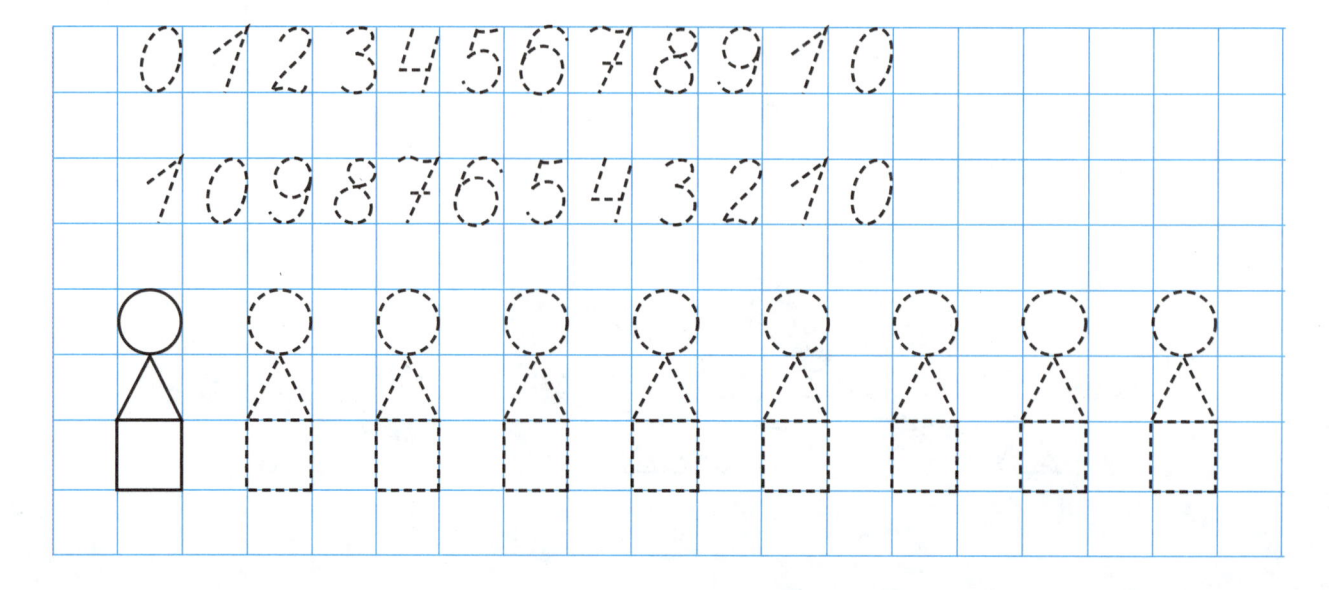

0 1 2 3 4 5 6 7 8 9 10

10 9 8 7 6 5 4 3 2 1 0

Занятие 12

Сосчитай и сравни количество предметов. Поставь знаки >, <, =. Пиши карандашом.

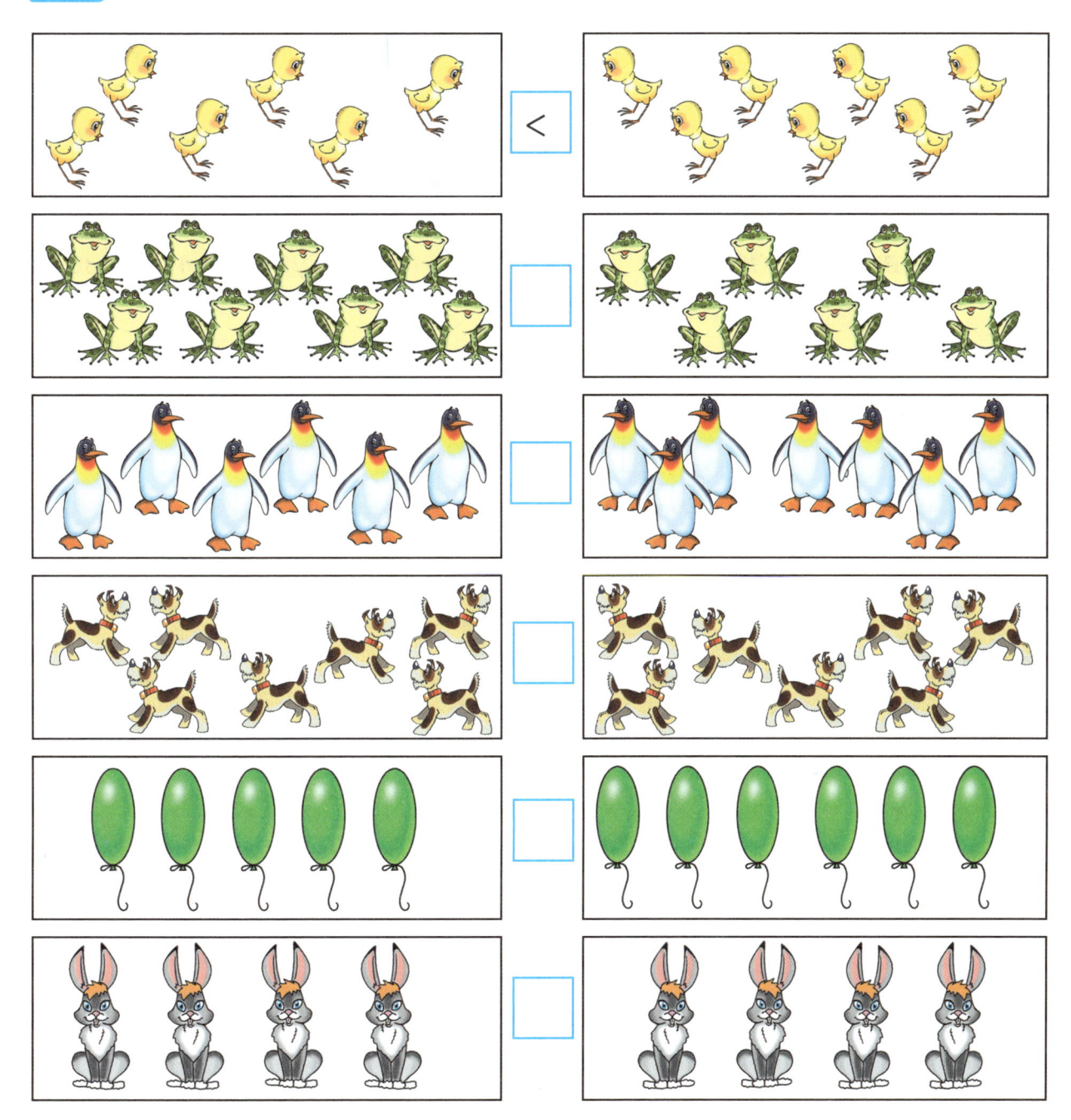

Начинаем считать

Сосчитай, сколько предметов на каждом рисунке, и напиши карандашом в клеточках нужные цифры.

Помоги котёнку подняться по лестнице и спуститься вниз. Сосчитай вместе с ним ступеньки. Назови пропущенные цифры.

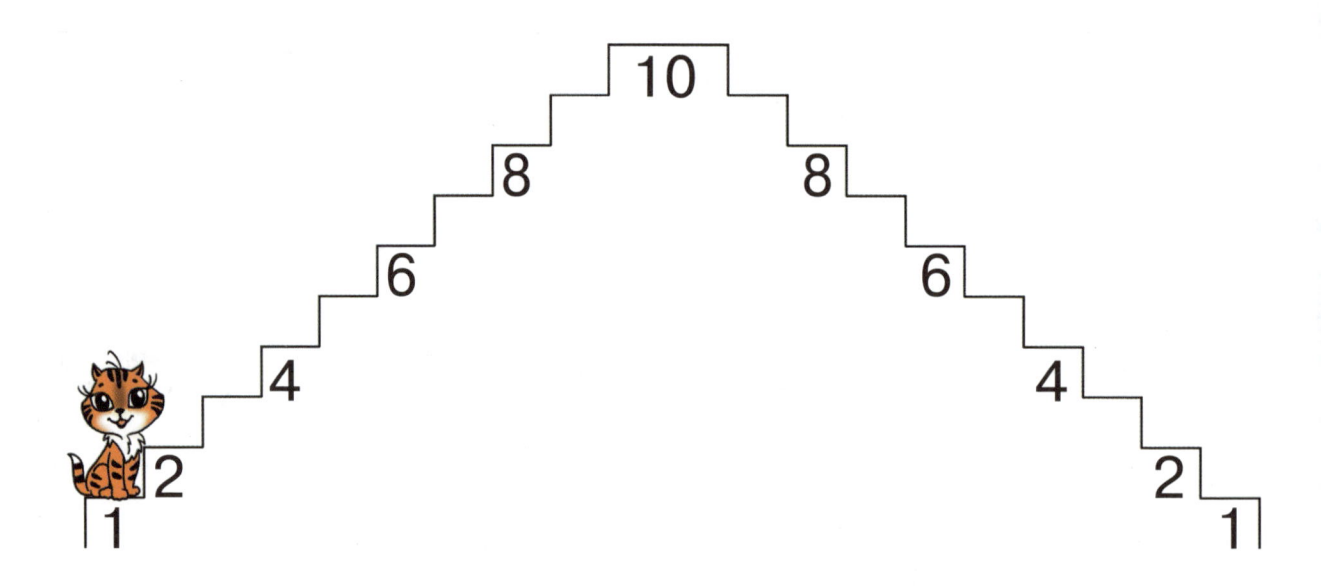

Занятие 12

2+2 На какой цифре стоит девочка? Сколько ей надо сделать шагов, чтобы сорвать цветок? Впиши карандашом в пустую клеточку цифру, на которой она окажется после этого.

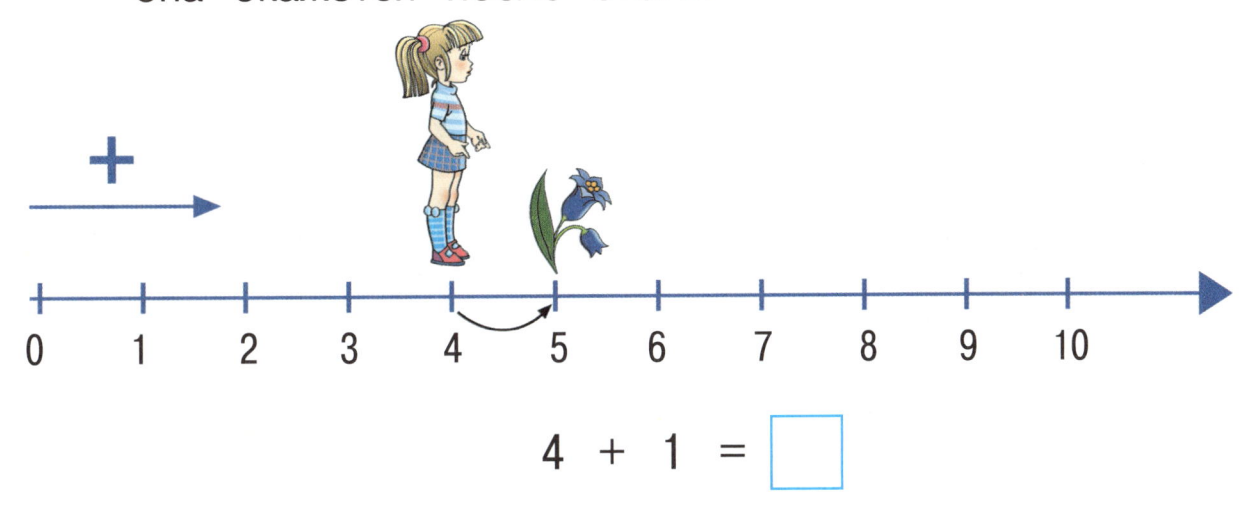

4 + 1 = ☐

ЗАПОМНИ!

Прибавляя 1, называем следующее по счёту число.

2+2 На какой цифре стоит мальчик? Сколько ему надо сделать шагов, чтобы взять флажок? Впиши карандашом в пустую клеточку цифру, на которой он окажется после этого.

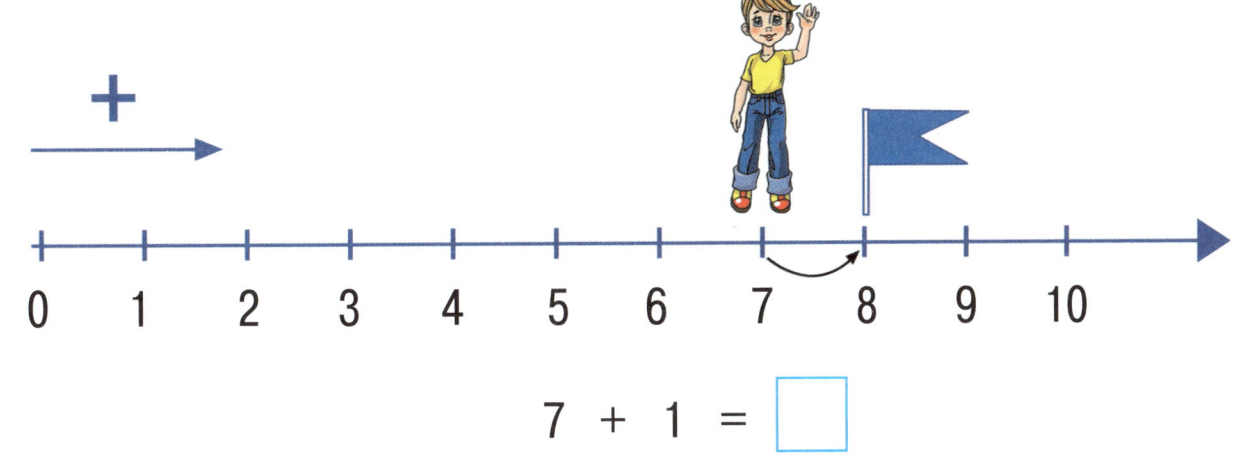

7 + 1 = ☐

Начинаем считать

40

Сосчитай количество предметов на каждом рисунке. Обведи в кружок картинку, на которой изображено больше всего животных или растений. Работай карандашом.

Сосчитай, сколько предметов и животных на каждом рисунке. Соедини картинки с соответствующими цифрами. Работай карандашом.

3   4   5   6   7   8

Занятие 12

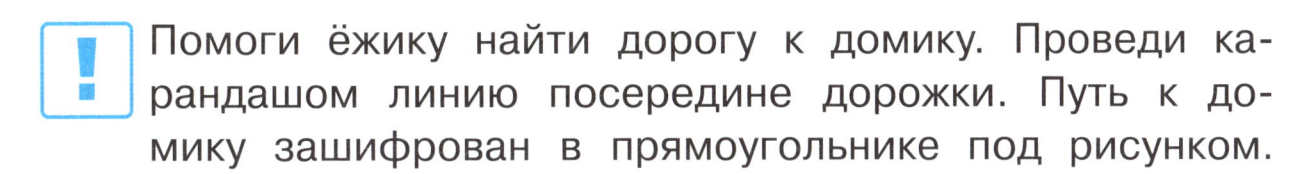

! Помоги ёжику найти дорогу к домику. Проведи карандашом линию посередине дорожки. Путь к домику зашифрован в прямоугольнике под рисунком.

Родителям. Развивайте у ребёнка наглядно-схематическое мышление, чтобы он мог ориентироваться по схемам. Ребёнок должен выбрать ту дорогу, около которой в нужной последовательности (см. «шифровку») растут те или иные растения.

Занятие 13

Родителям. Объяснение способа вычитания на числовой прямой аналогично объяснению способа сложения. Не забудьте упомянуть, что при вычитании результат уменьшается (покажите это на примере). Знак «–» показывает, что надо двигаться влево — туда, где числа уменьшаются.

2+2 На какой цифре находится девочка? Сколько ей надо сделать шагов, чтобы взять мячик? Впиши карандашом в пустую клеточку цифру, на которой она окажется после этого.

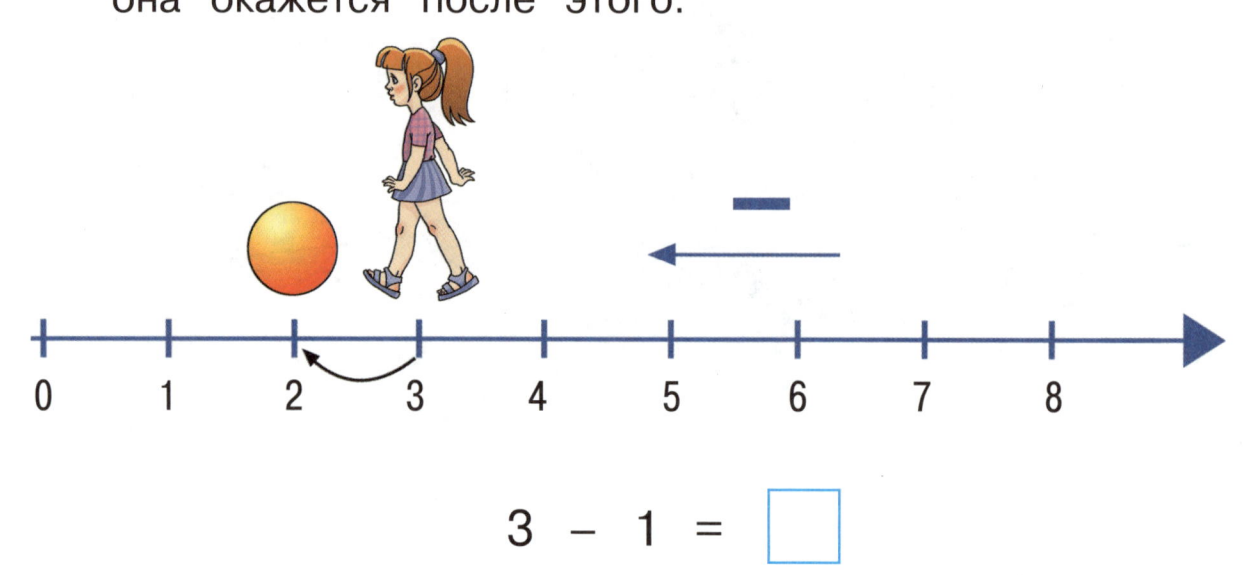

3 − 1 = ☐

ЗАПОМНИ!

Вычитая 1, называем предыдущее число.

Занятие 13

2+2 На какой цифре стоит мальчик? Сколько шагов ему надо сделать, чтобы взять машинку? Впиши карандашом в пустую клеточку цифру, на которой он окажется после этого.

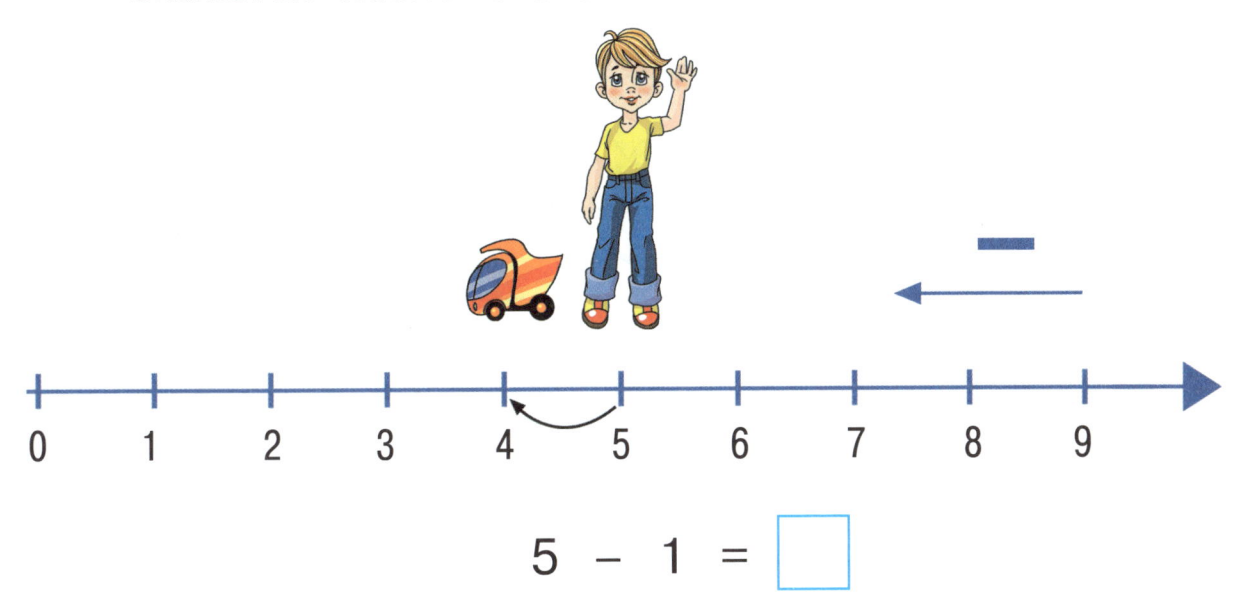

5 – 1 = ☐

Сосчитай, сколько конфет на каждой тарелке. Напиши под тарелками нужные цифры. Соедини тарелки, где лежит одинаковое количество конфет. Работай карандашом.

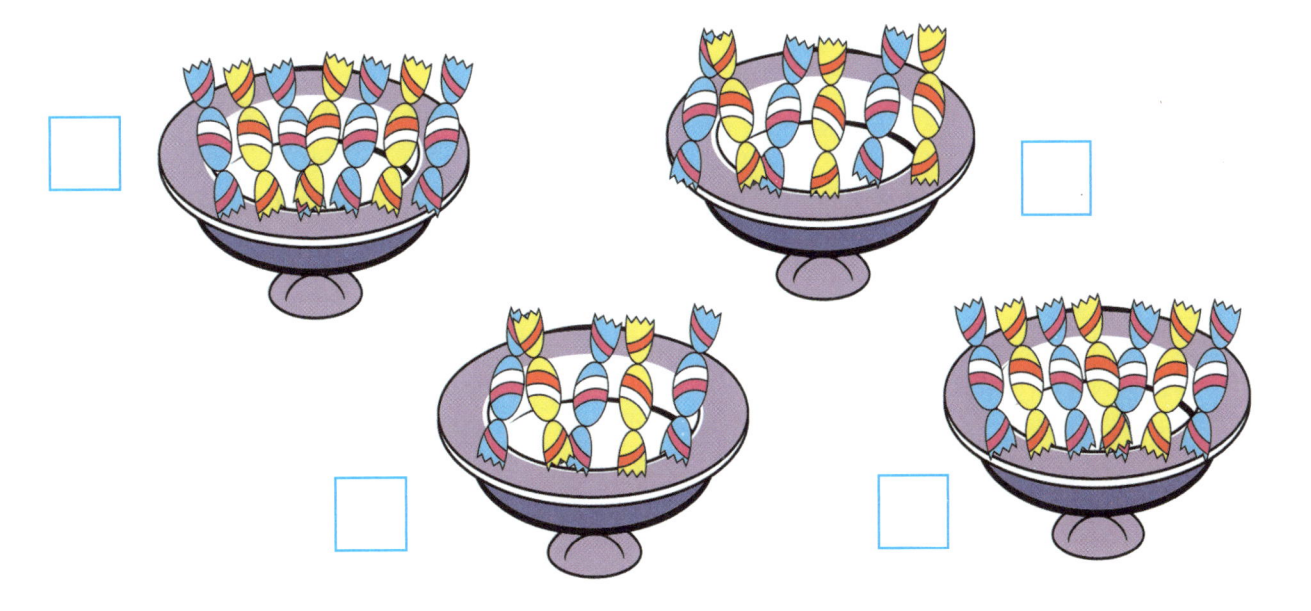

44 Начинаем считать

! На каждом рисунке найди лишний предмет и обведи его карандашом. Объясни, почему ты так думаешь.

Соедини точки по порядку простым карандашом. Посмотри, что получилось?

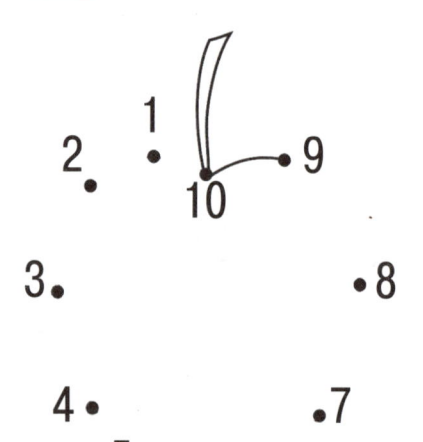

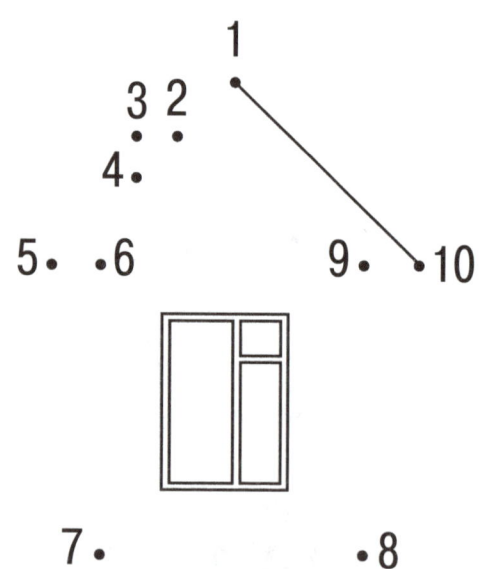

Нарисуй флажки и раскрась их. Работай цветными карандашами.

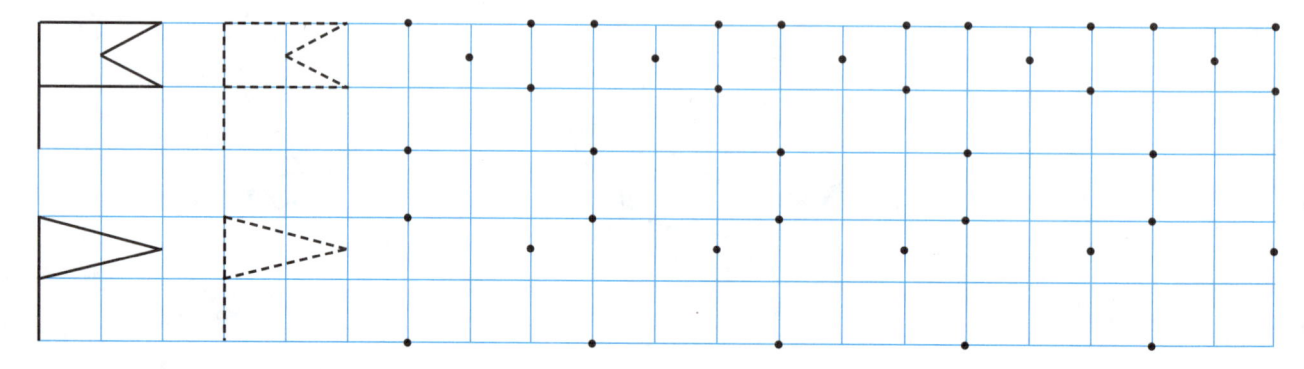

Занятие 14

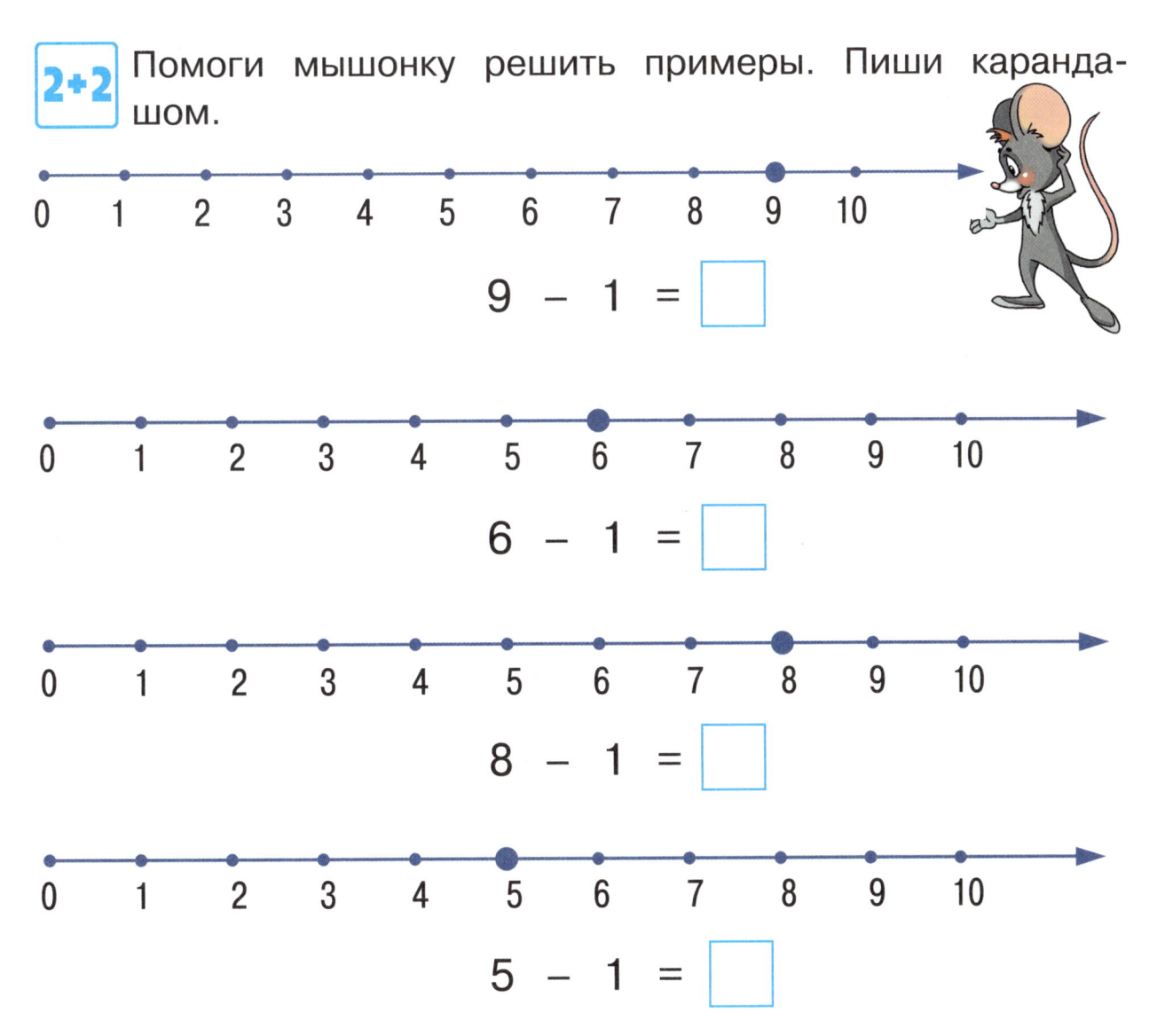

2+2 Помоги мышонку решить примеры. Пиши карандашом.

9 − 1 = ☐

6 − 1 = ☐

8 − 1 = ☐

5 − 1 = ☐

Родителям. Для того чтобы ребёнок наглядно увидел, как вычесть, например, из девяти один, можно нарисовать на числовой прямой дугу от 9 к 8 и сказать, что, вычитая 1, делаем шаг назад и называем предыдущее по счёту число.

Начинаем считать

! Найди закономерность и заполни пустые клеточки. Работай карандашом.

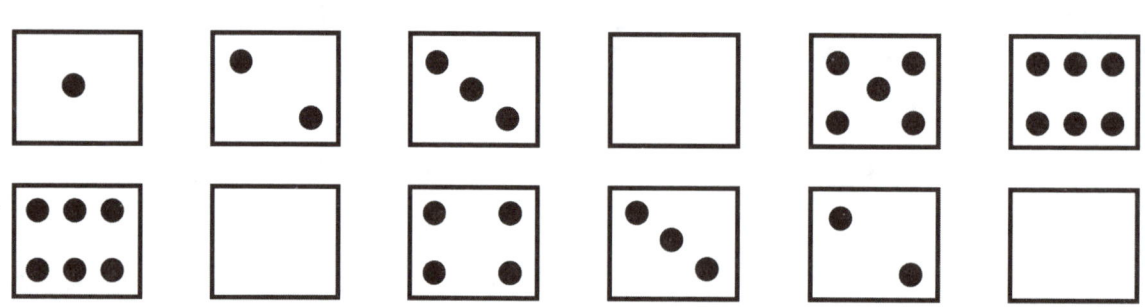

Сосчитай предметы на каждом рисунке, впиши в пустые клеточки их количество. Сравни получившиеся числа: какое из них больше, а какое меньше. Поставь знаки: >, <, =. Работай карандашом.

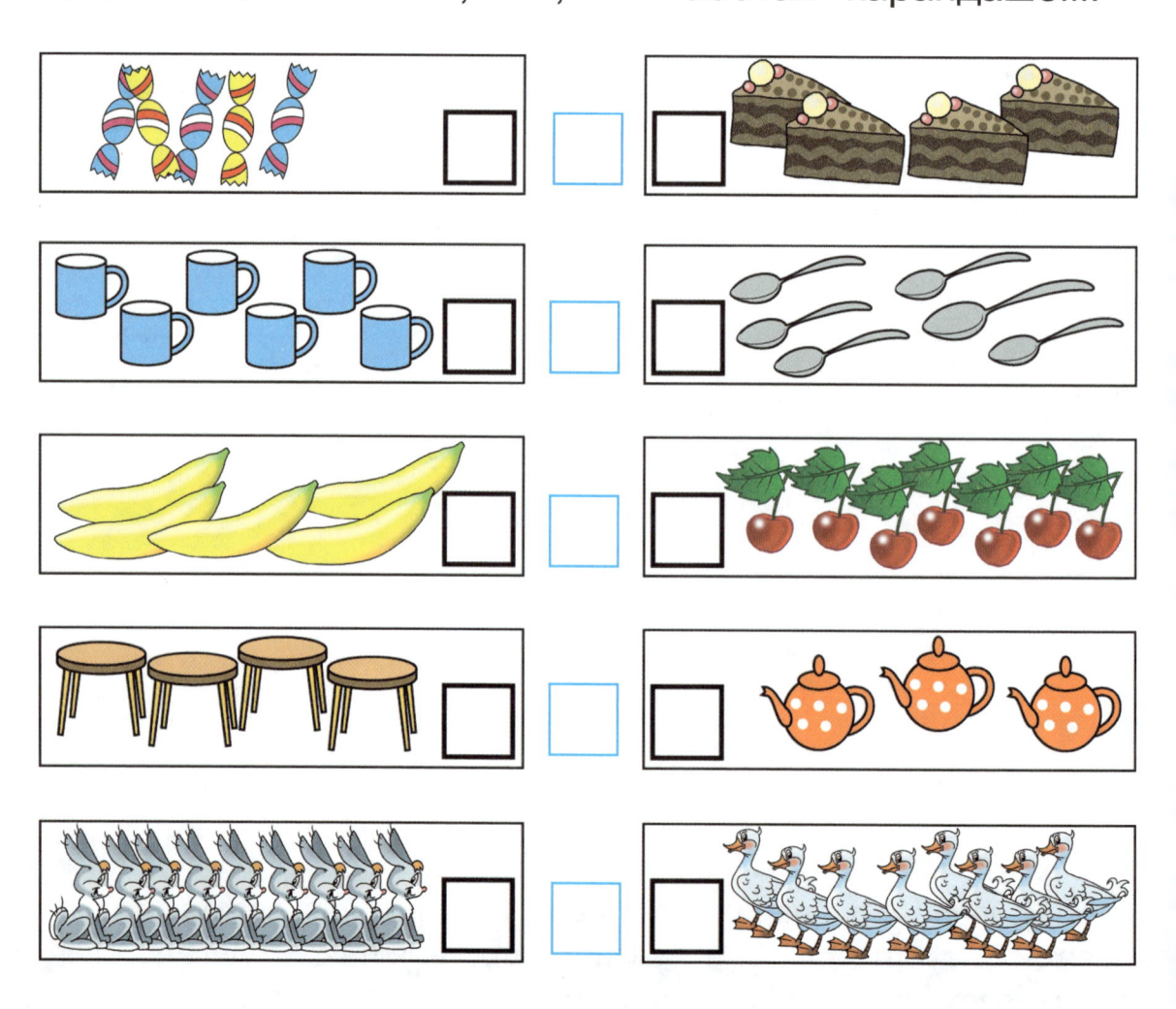

Занятие 14

47

> Поиграем в игру «Четвёртый лишний». Найди лишний предмет и поставь под ним крестик.

> Потренируйся писать цифры, вставляя пропущенные. Пиши карандашом.

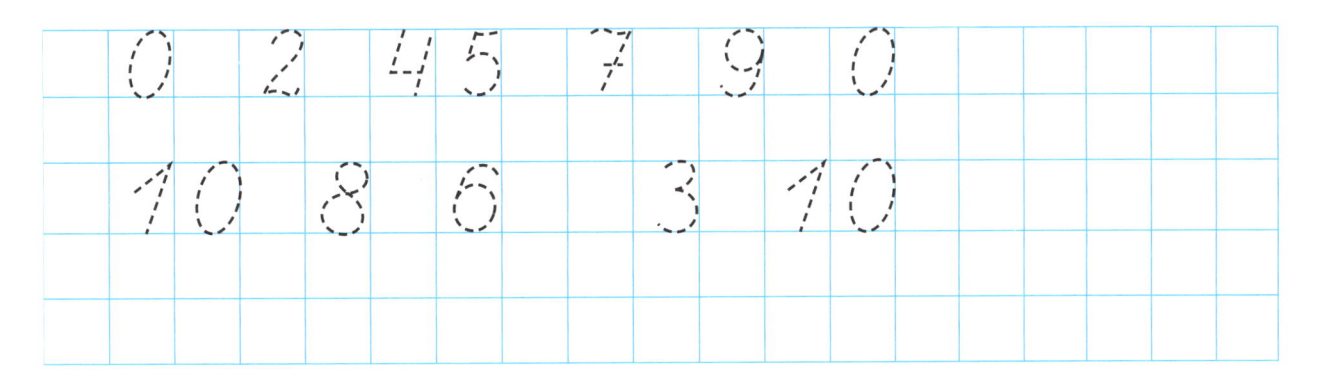

0 2 4 5 7 9 0

10 8 6 3 10

Занятие 15

2+2 Помоги зайчонку решить примеры. Пиши карандашом.

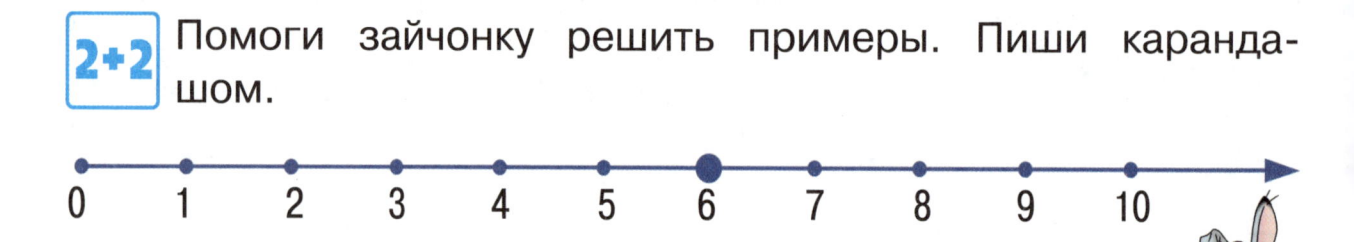

6 + 1 = ☐

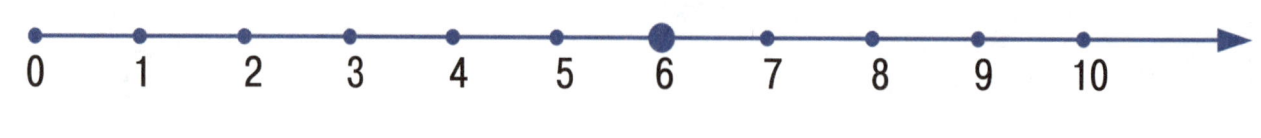

6 − 1 = ☐

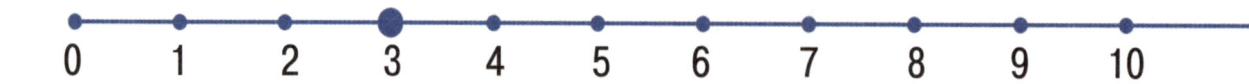

3 + 1 = ☐

3 − 1 = ☐

Занятие 15

✋ Сосчитай на каждом рисунке предметы и расставь знаки >, <, =. Работай карандашом.

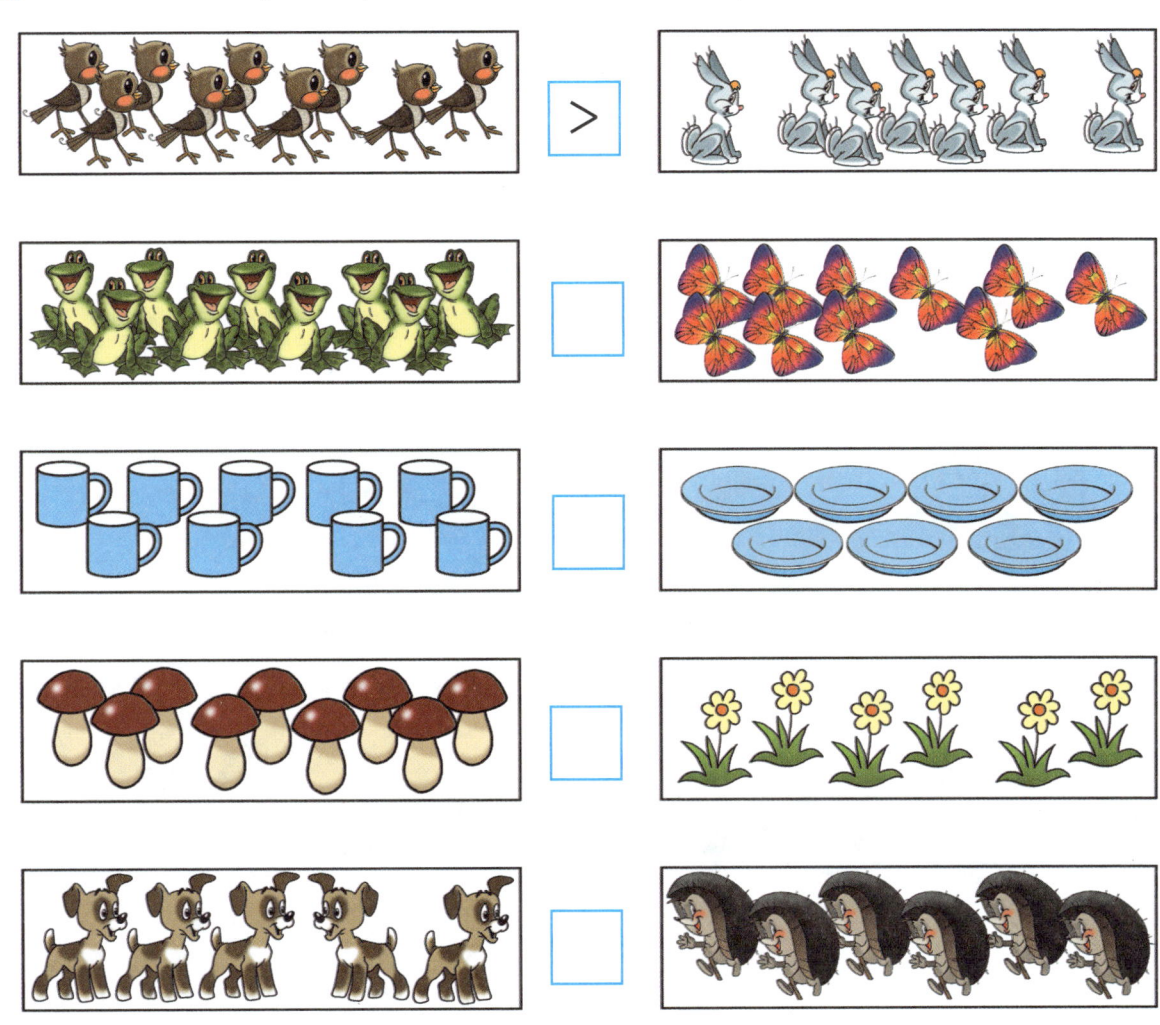

✏️ Обведи узор карандашом.

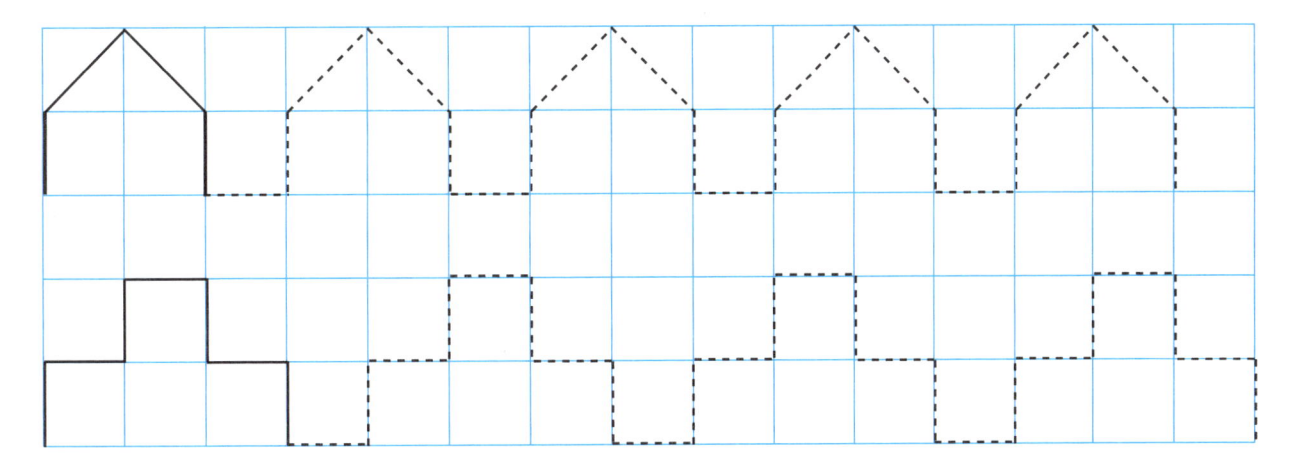

Начинаем считать

Сосчитай предметы на каждой картинке. Соедини рисунки с соответствующими цифрами. Работай карандашом.

Родителям. Не забудьте похвалить ребёнка, скажите ему о том, что он многому уже научился.

Занятие 16

! Помоги зайчонку добраться до домика. Веди линию карандашом ровно посередине дорожки, не касаясь краёв.

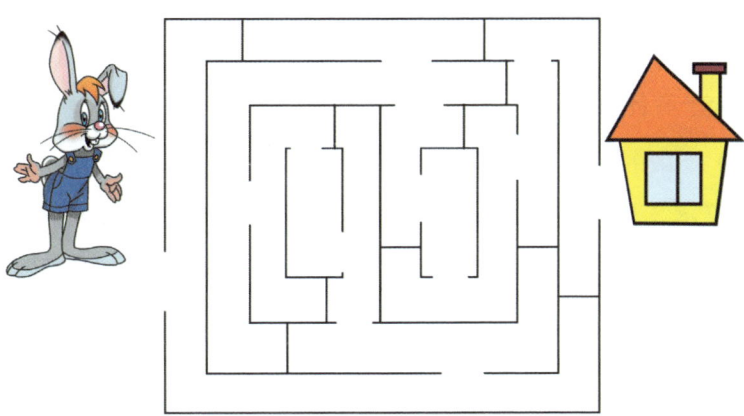

2+2 Помоги бельчонку решить примеры. Пиши карандашом.

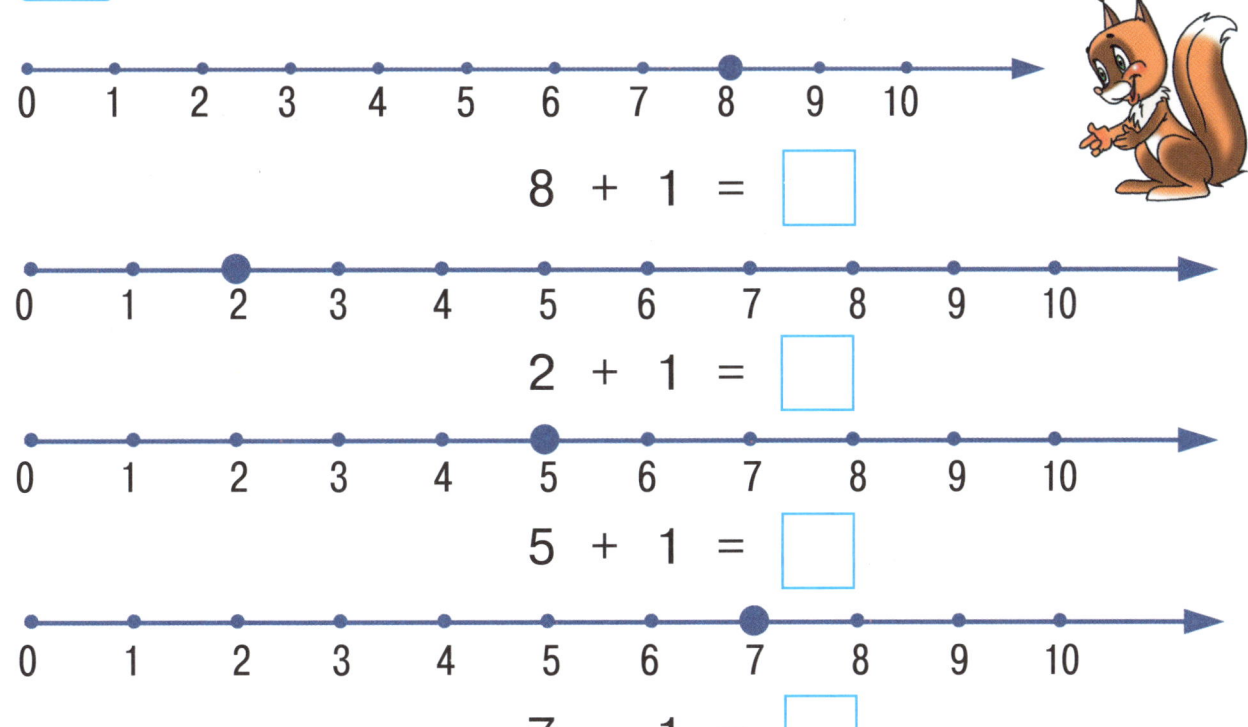

8 + 1 =

2 + 1 =

5 + 1 =

7 − 1 =

Начинаем считать

0 1 2 3 4 5 6 7 8 9 10

1 − 1 = ☐

0 1 2 3 4 5 6 7 8 9 10

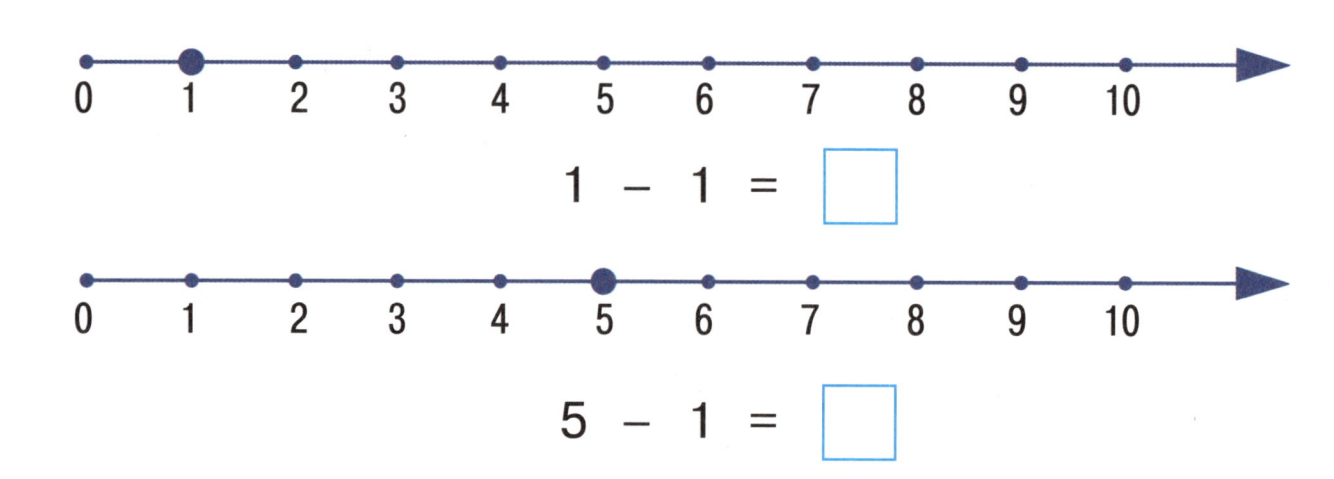

5 − 1 = ☐

У тебя, наверное, есть детское домино, где на фишках изображены рисунки и надо подбирать фишки так, чтобы они совпадали. А бельчонок и зайчонок играют во взрослое домино, там вместо картинок — точки. Здесь нужно подбирать фишки так, чтобы совпадало количество точек. Проверь внимательно, всё ли у них правильно. Если заметишь ошибку, обведи её красным карандашом так, как показано на рисунке.

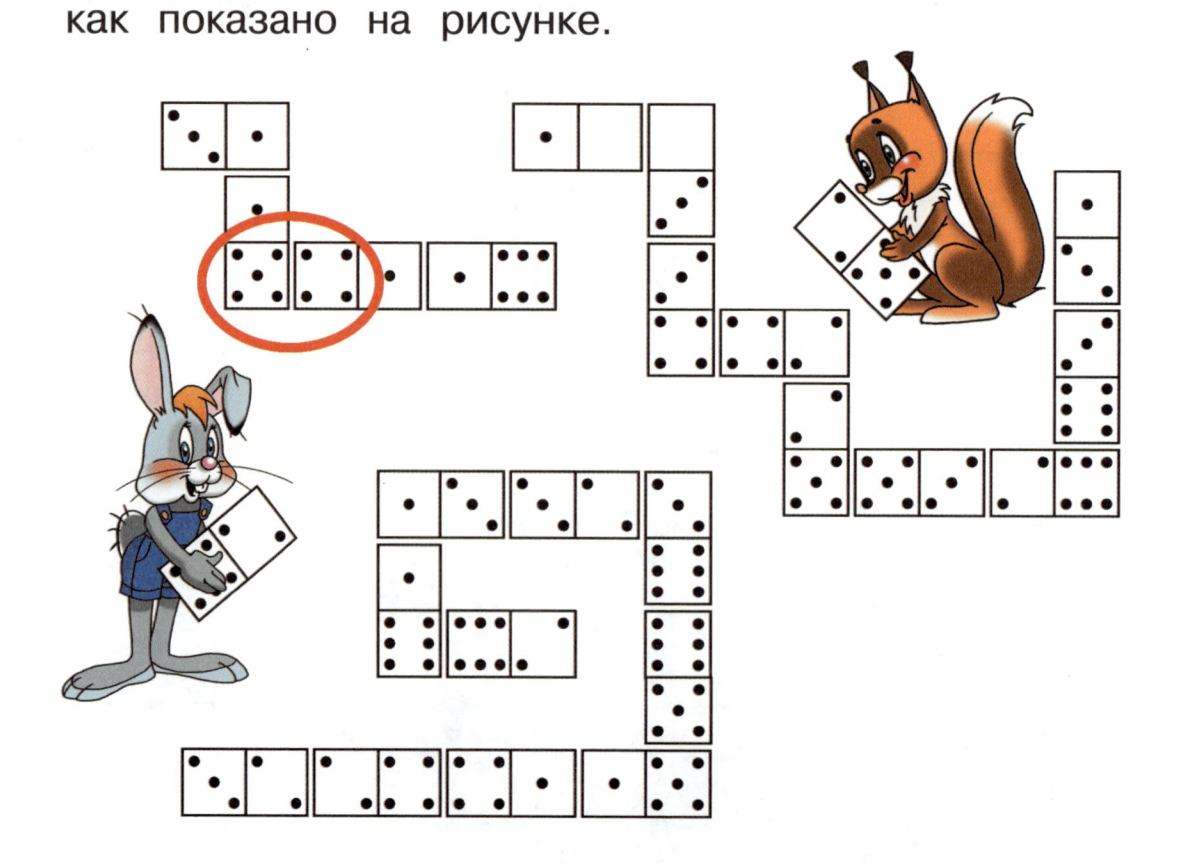

Занятие 16

53

> Потренируйся писать цифры, вставляя пропущенные. Обведи вишенки и раскрась их. Работай карандашом.

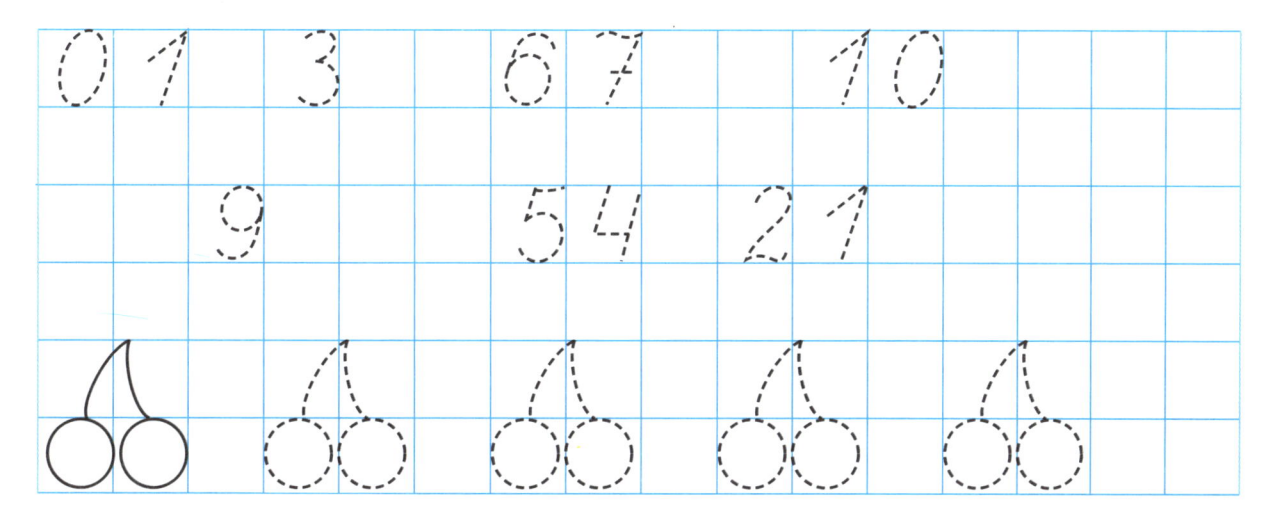

0	1		3			6	7			10
		9				5	4		2	1

> Сосчитай, сколько каких игрушек на ёлке. Ответ запиши карандашом в пустые клеточки.

Занятие 17

Кто изображён на рисунке? Сосчитай, сколько цыплят идёт за курицей. Считай их по порядку: первый, второй...

Родителям. Применяем порядковый счёт.

Обведи в кружок цыплёнка, который идёт седьмым. Поставь крестик под цыплёнком, который идёт перед пятым цыплёнком. Подчеркни цыплёнка, который идёт после девятого цыплёнка. Работай карандашом.

Поиграем в игру «Четвёртый лишний». Найди лишний предмет и поставь под ним крестик.

Занятие 17

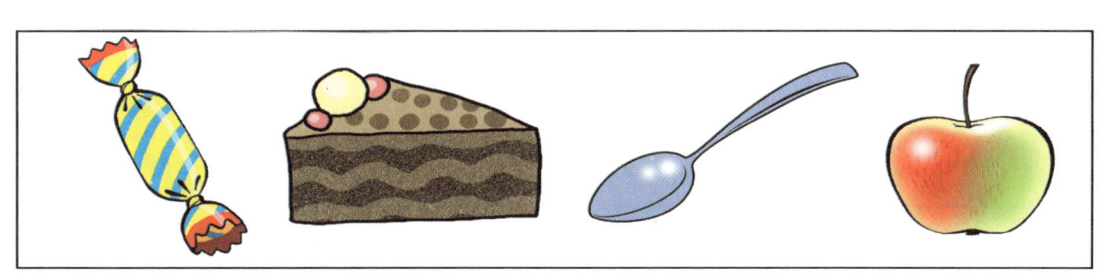

2+2 Реши примеры, пользуясь числовой прямой. Пиши карандашом.

9 − 1 = ☐

10 − 1 = ☐

3 + 1 = ☐

4 + 1 = ☐

Занятие 18

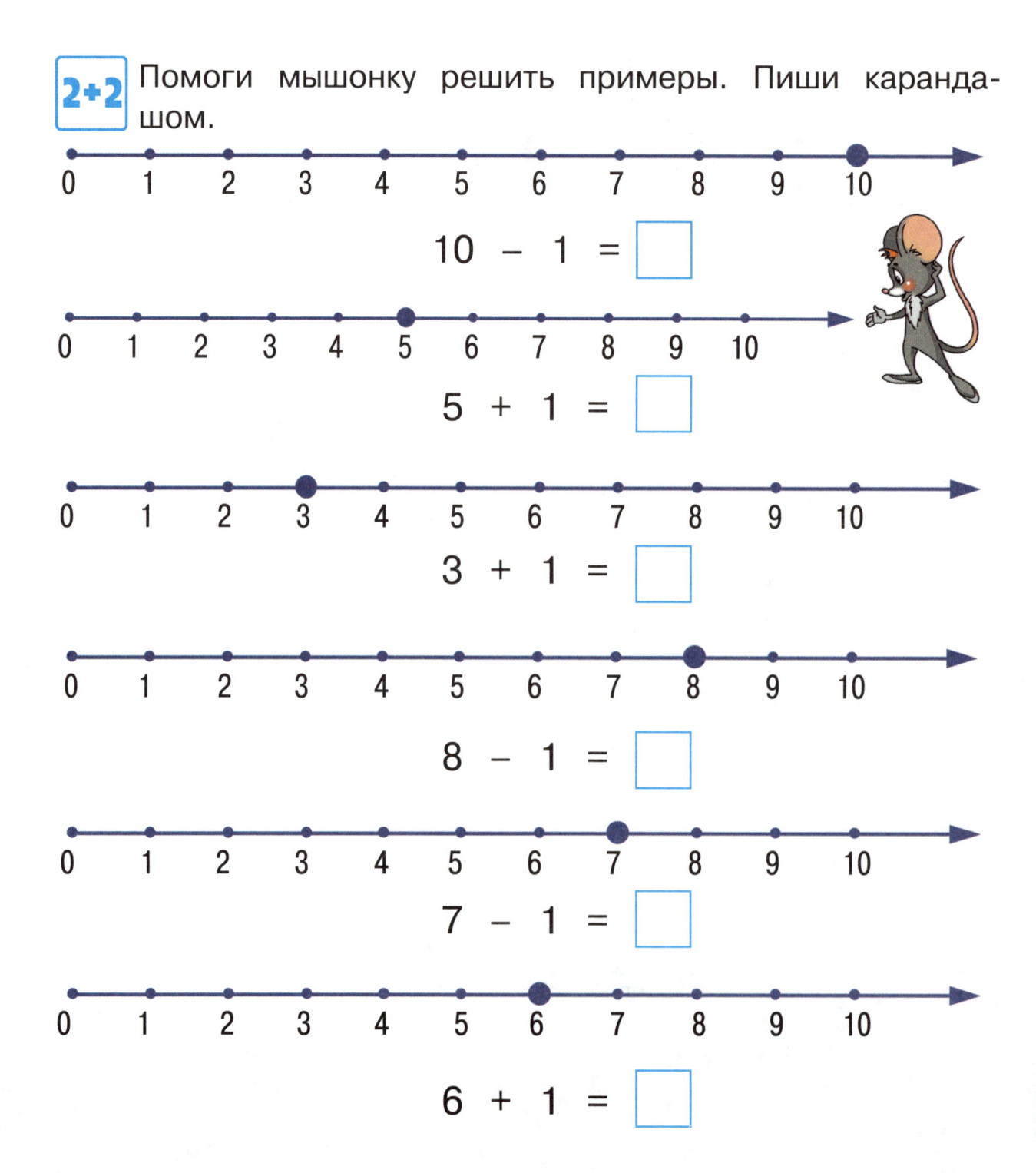

2+2 Помоги мышонку решить примеры. Пиши карандашом.

10 − 1 = ☐

5 + 1 = ☐

3 + 1 = ☐

8 − 1 = ☐

7 − 1 = ☐

6 + 1 = ☐

Занятие 18

57

Сосчитай и запиши карандашом в пустые клеточки, сколько рыбок слева от крючка. А сколько справа от крючка?

Потренируйся писать цифры 2 и 7. Дорисуй зонтики. Работай карандашом.

Занятие 19

! Проверь свою память и внимание. Посмотри внимательно на рисунок слева и запомни, где стоит точка. Закрой его листочком, а на рисунке справа поставь карандашом такую же точку. Открой листочек и проверь, правильно ли выполнено задание.

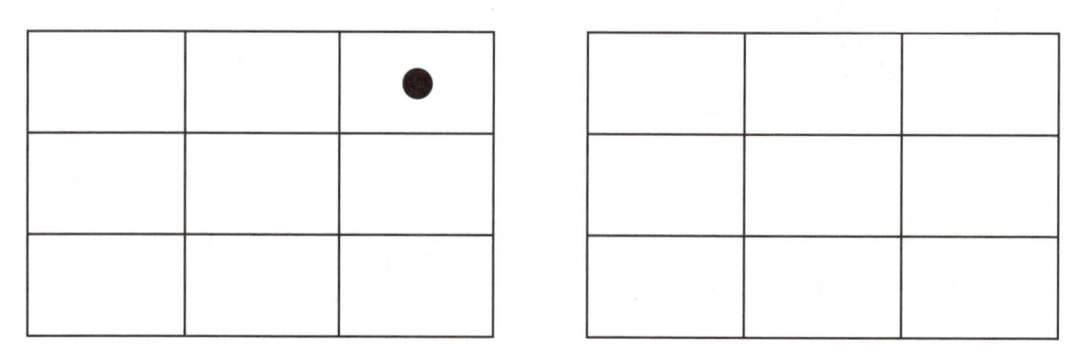

Родителям. На запоминание ребёнку даётся не более 5 секунд.

! Отметь цифрами 1, 2, 3, 4 порядок расположения рисунков, чтобы не нарушилась закономерность.

Занятие 19

! Найди на каждом рисунке лишний предмет. Обведи его карандашом и объясни, почему ты так думаешь.

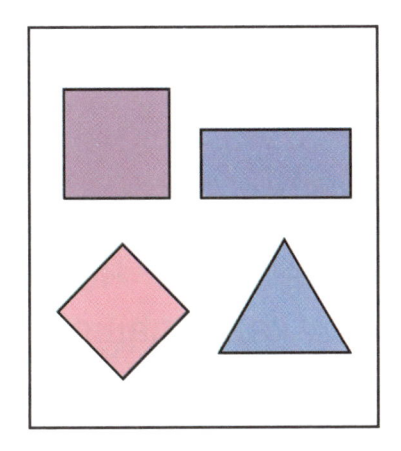

✎ Потренируйся писать цифры. Продолжи узор. Работай карандашом.

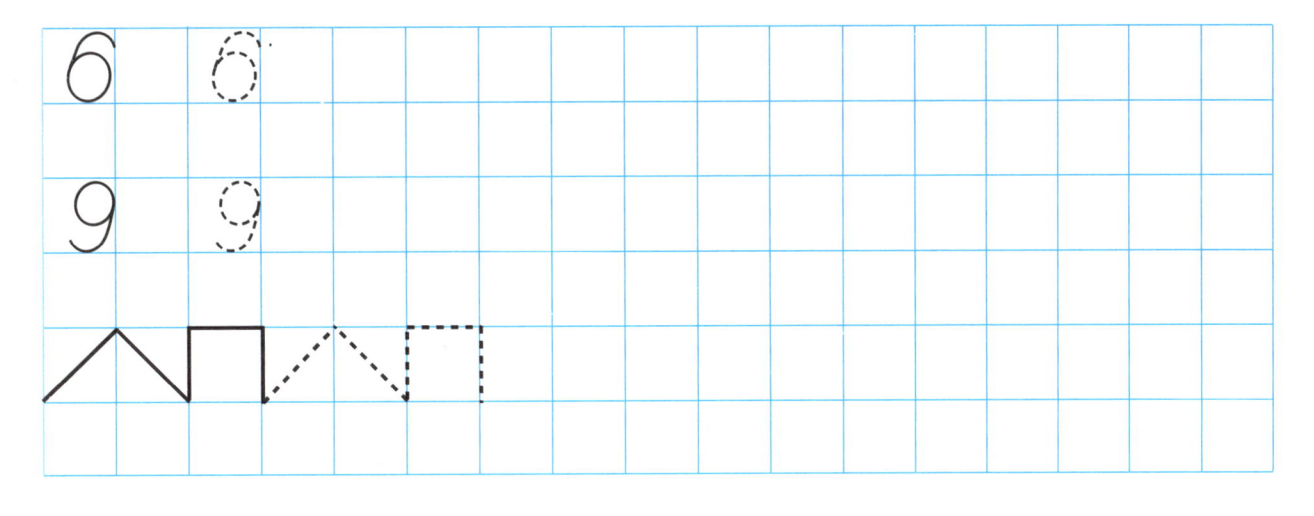

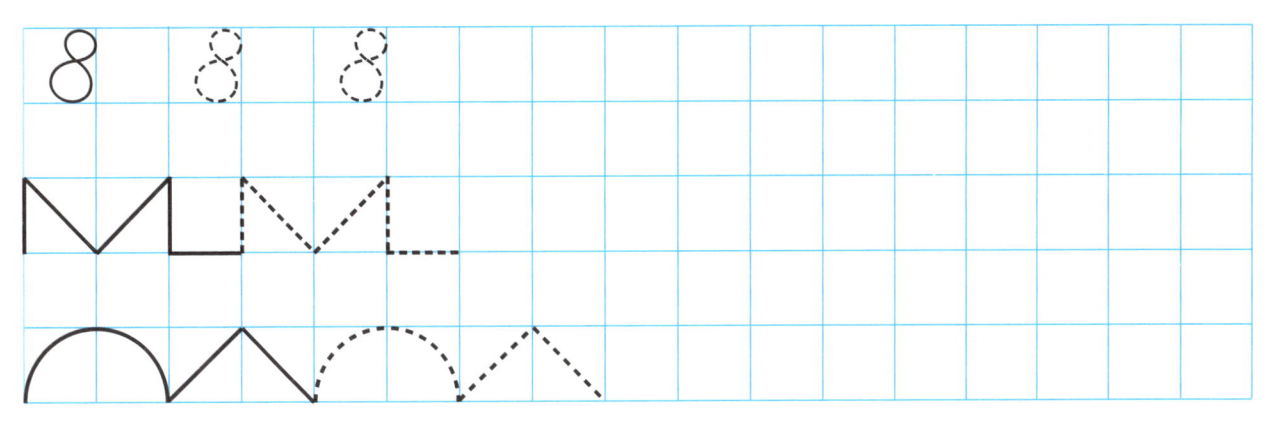

Занятие 20

2+2 Проверь свою наблюдательность. Реши примеры и посмотри, что происходит с числом, если к нему прибавить или от него отнять 1. Пиши карандашом.

Родителям. Ребёнок должен сделать вывод, что, если к числу на числовой прямой прибавить 1, получится следующее число, а если от числа отнять 1, получится предыдущее число.

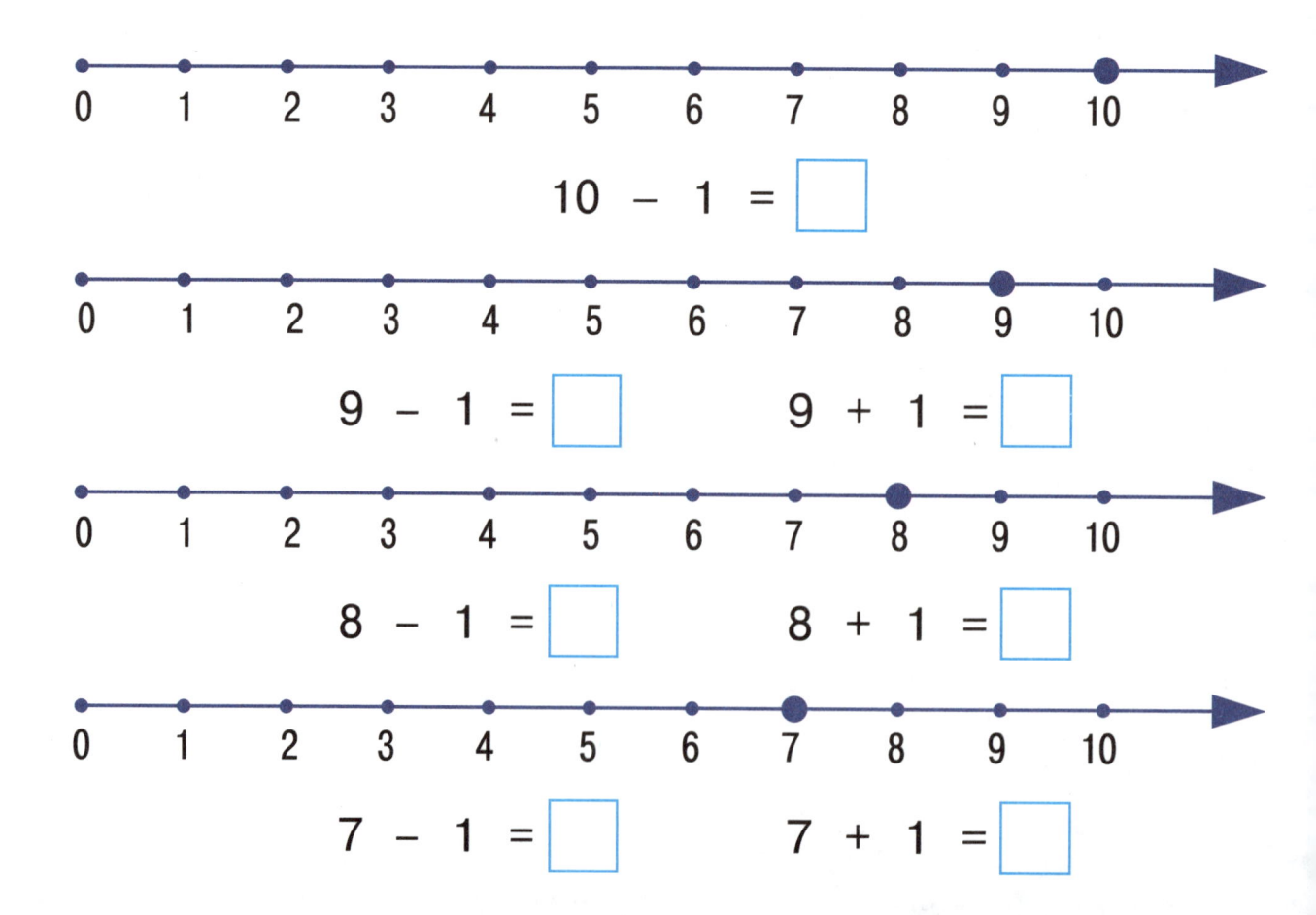

10 − 1 = ☐

9 − 1 = ☐   9 + 1 = ☐

8 − 1 = ☐   8 + 1 = ☐

7 − 1 = ☐   7 + 1 = ☐

Занятие 20

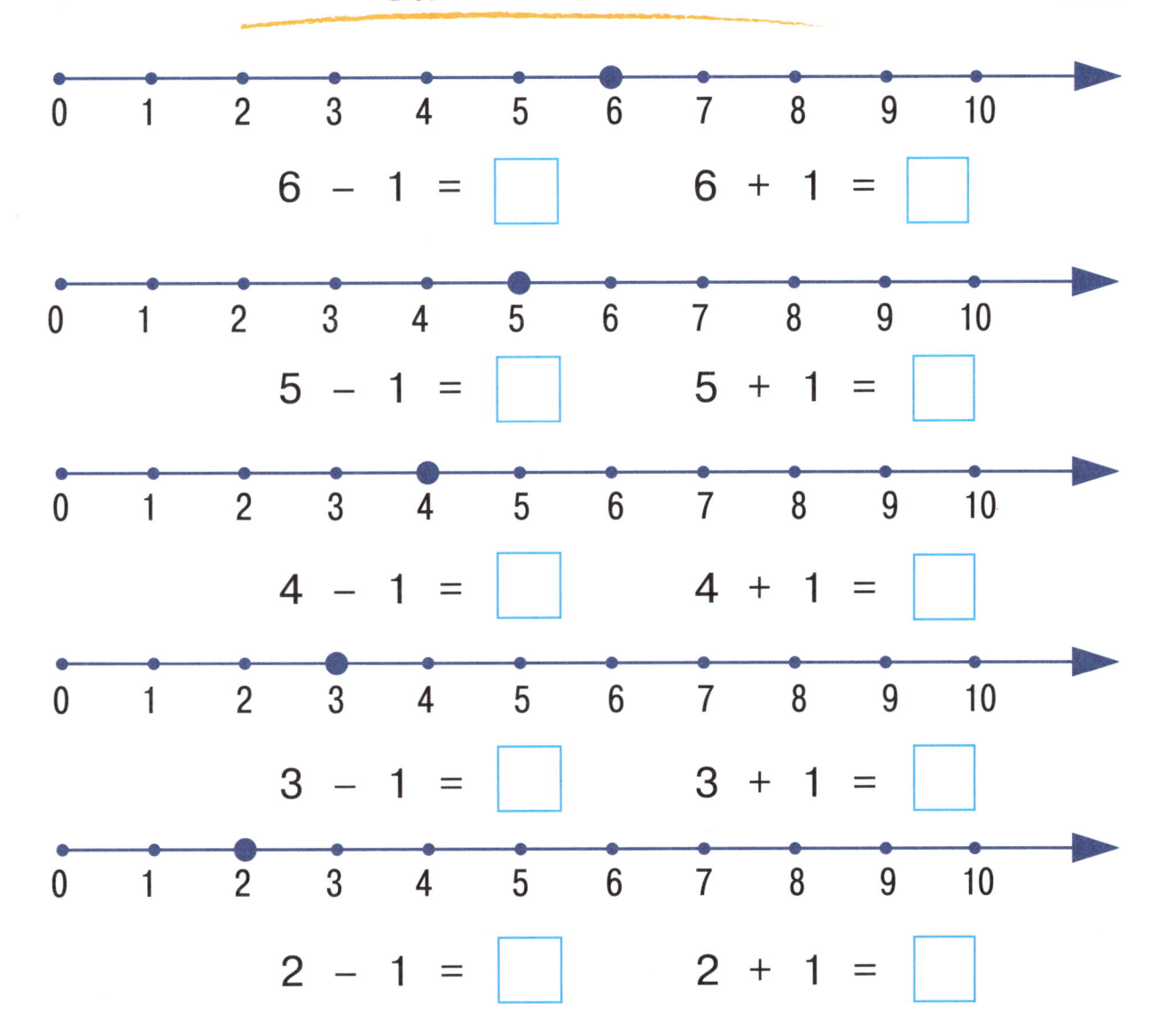

0 1 2 3 4 5 **6** 7 8 9 10

6 − 1 = ☐   6 + 1 = ☐

0 1 2 3 4 **5** 6 7 8 9 10

5 − 1 = ☐   5 + 1 = ☐

0 1 2 3 **4** 5 6 7 8 9 10

4 − 1 = ☐   4 + 1 = ☐

0 1 2 **3** 4 5 6 7 8 9 10

3 − 1 = ☐   3 + 1 = ☐

0 1 **2** 3 4 5 6 7 8 9 10

2 − 1 = ☐   2 + 1 = ☐

! Догадайся, какая цифра должна быть в пустой клеточке. Впиши её.

1		3
2	3	1
3	1	2

Родителям. Проанализировав расположение цифр по столбикам и по строчкам, ребёнок увидит, что в каждой строчке и столбике повторяются числа 1, 2, 3.

Начинаем считать

Соедини карандашом точки по порядку и узнай, чему радуется белочка.

Рассмотри внимательно таблицы и впиши карандашом пропущенные цифры.

1	9	4
7	6	2
3		5

2	5	6
8	1	4
3	9	

Продолжи узоры. Работай карандашом.

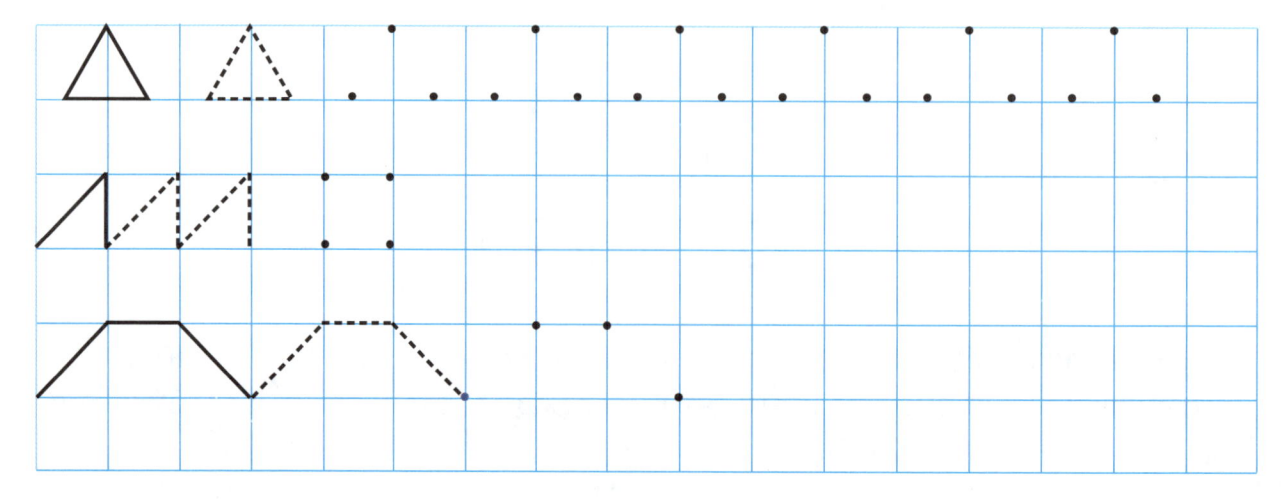

Занятие 21

Родителям. Ребёнок, уже хорошо ориентируясь на числовой прямой, может показать большее или меньшее число и, считая предметы, сказать, где их больше или меньше. Но он должен научиться сравнивать их по количеству и называть, на сколько больше или меньше тех или иных предметов. Для этого предметы надо сопоставить относительно друг друга. Малыш должен соединить эти предметы, и тогда он увидит, сколько остаётся лишних предметов, значит, на столько то или иное число больше или меньше другого.

? Разложи яблоки по тарелкам. Соедини их попарно стрелочкой, как показано на рисунке. Для всех ли яблок хватило тарелок? Почему ты так думаешь? Значит, чего больше: яблок или тарелок?

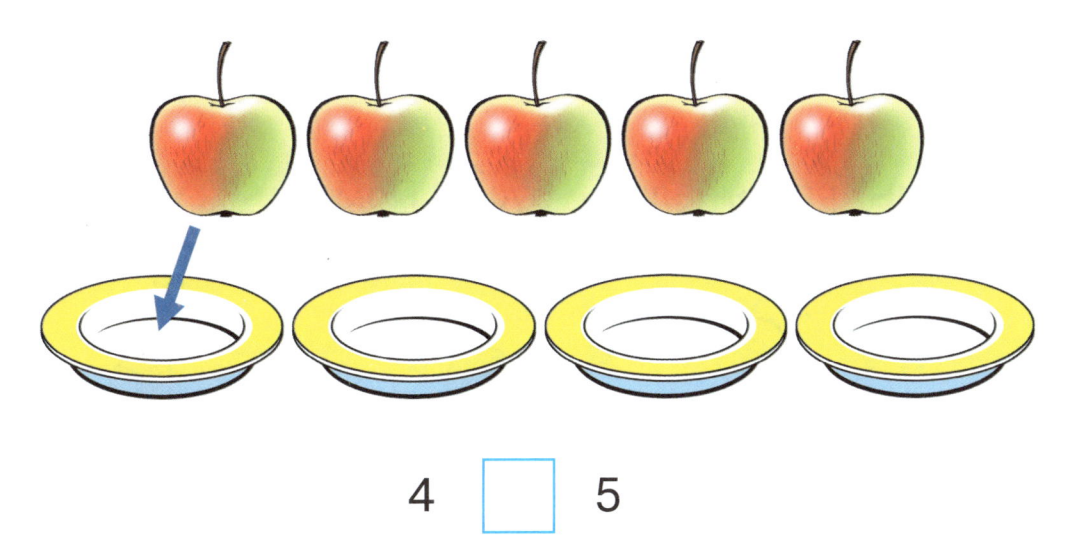

4 ☐ 5

На сколько яблок больше, чем тарелок? На сколько тарелок меньше, чем яблок? Поставь знак > или < между числами. Работай карандашом.

Начинаем считать

Что нужно сделать, чтобы яблок и тарелок стало поровну?

Родителям. Если ребёнок затрудняется, то подскажите ему, что нужно нарисовать ещё 1 тарелку или убрать 1 яблоко.

Соедини кружки и блюдца попарно стрелочкой, как показано на рисунке. Чего больше, кружек или блюдец? На сколько блюдец больше, чем кружек? На сколько кружек меньше, чем блюдец?
Поставь карандашом знак > или < между числами. Что нужно сделать, чтобы кружек и блюдец стало поровну?

6 ☐ 7

У мамы рассыпались бусы. Помоги их собрать. Соедини бусинки по порядку. Работай карандашом.

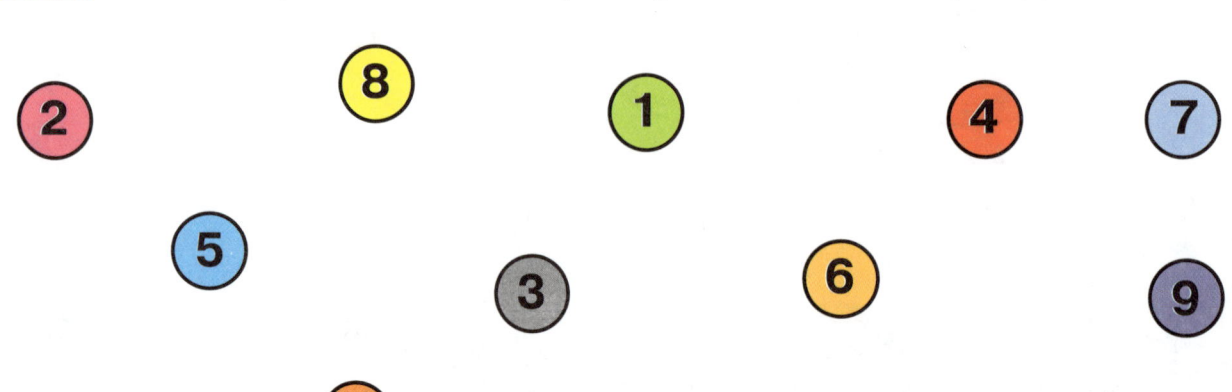

Занятие 21

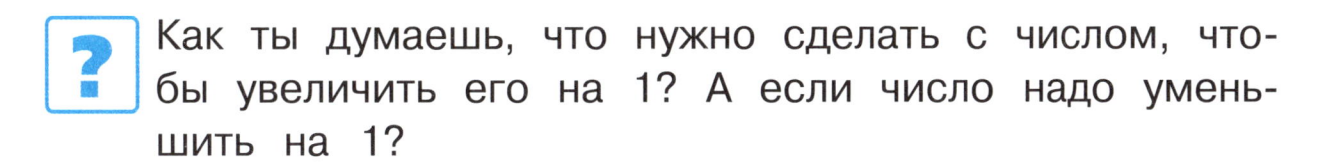

? Как ты думаешь, что нужно сделать с числом, чтобы увеличить его на 1? А если число надо уменьшить на 1?

🖉 Заполни таблицы.
Числа, расположенные на первой строчке, увеличь на 1, полученные результаты запиши карандашом под этими числами во второй строчке.

0	1	2	3	4	5	6	7	8	9	10

Родителям. Ребёнок должен прибавить к каждому числу 1 и записать под данным числом ответ.

🖉 Числа, расположенные на первой строчке, уменьши на 1 и полученные результаты запиши карандашом под этими числами во второй строчке.

0	1	2	3	4	5	6	7	8	9	10

Родителям. Ребёнок должен отнять от каждого числа 1 и записать под данным числом ответ.

Занятие 22

? Разложи конфеты по тарелкам. Соедини конфеты с тарелками стрелочками, как показано на рисунке. Для всех ли конфет хватило тарелок? Почему ты так думаешь?

Чего больше — конфет или тарелок? На сколько тарелок больше, чем конфет? На сколько конфет меньше, чем тарелок? Поставь знак > или < между числами. Работай карандашом.

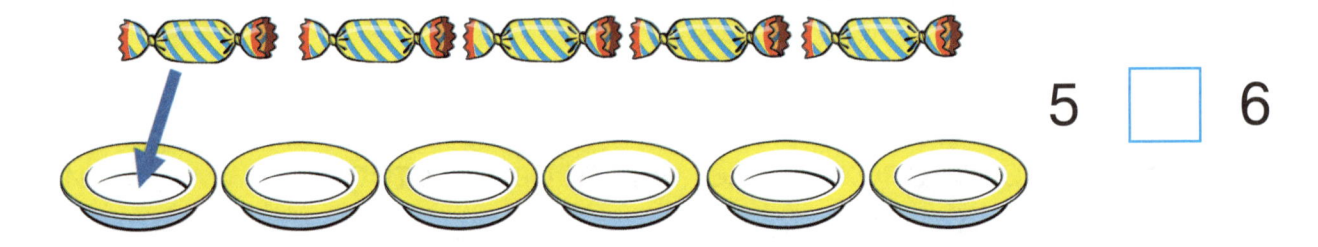

5 ☐ 6

? Во время прогулки ребятишки потеряли шапки. Распредели шапки между детьми, соедини их стрелочками, как показано на рисунке.

Все ли ребята оказались в шапках? Поставь знак >, < или = между числами. Работай карандашом.

4 ☐ 4

Занятие 22

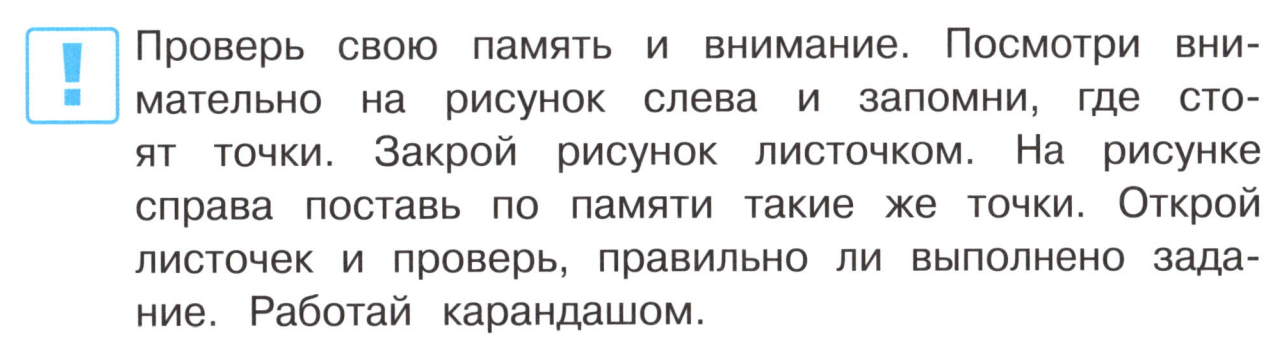

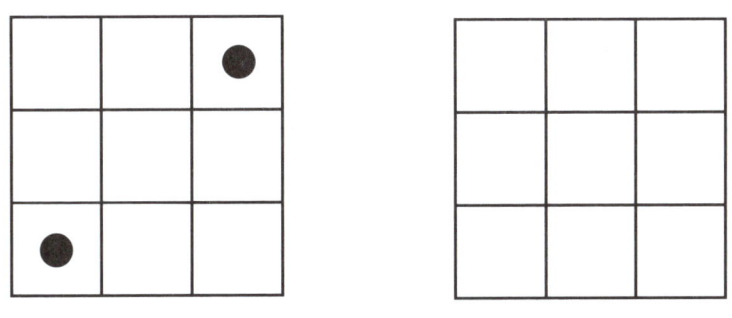

! Проверь свою память и внимание. Посмотри внимательно на рисунок слева и запомни, где стоят точки. Закрой рисунок листочком. На рисунке справа поставь по памяти такие же точки. Открой листочек и проверь, правильно ли выполнено задание. Работай карандашом.

Родителям. На запоминание даётся не более 5 секунд.

Помоги зайчику взобраться по лестнице. Читай пример и называй ответ.

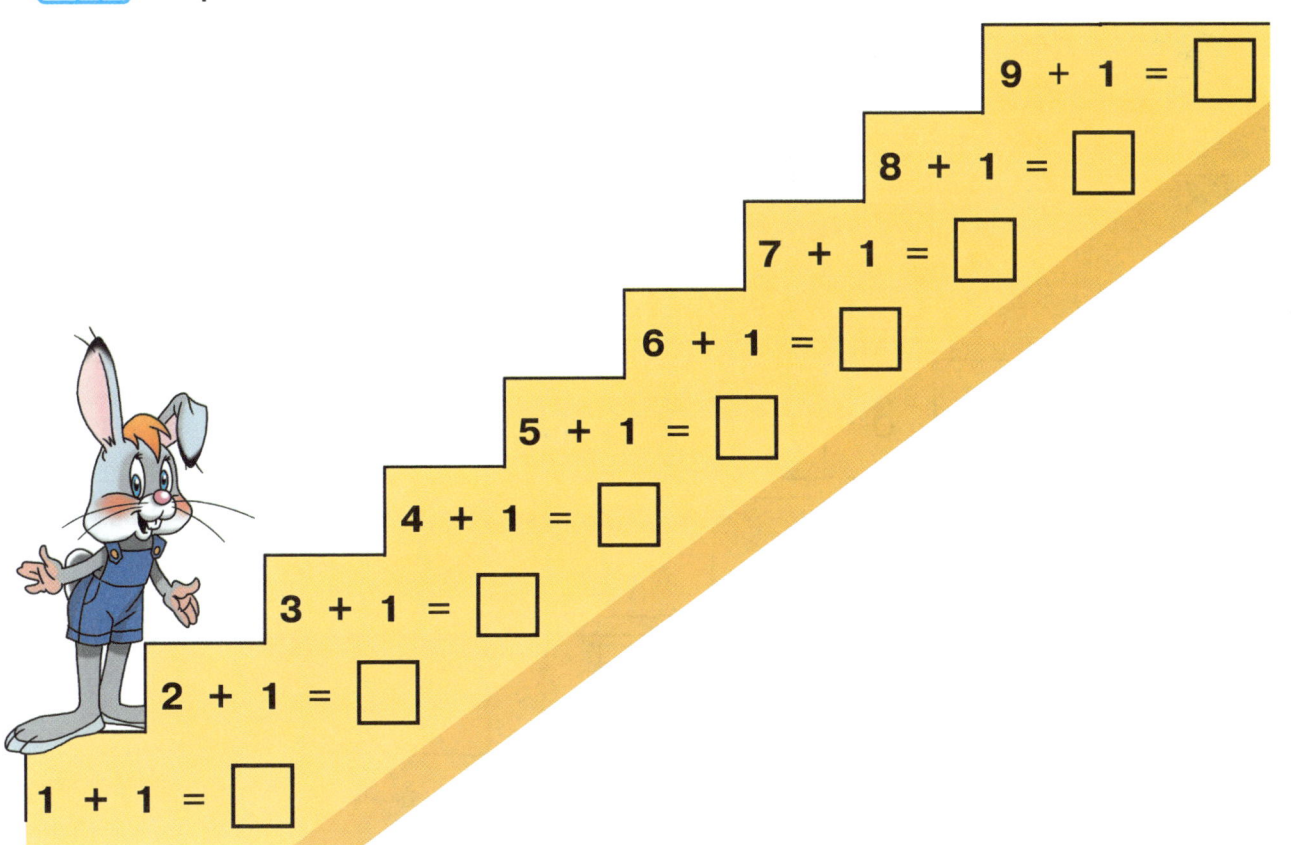

9 + 1 = ☐
8 + 1 = ☐
7 + 1 = ☐
6 + 1 = ☐
5 + 1 = ☐
4 + 1 = ☐
3 + 1 = ☐
2 + 1 = ☐
1 + 1 = ☐

68 Начинаем считать

Впиши карандашом пропущенные цифры.

0			3			6		8	9	
10		8		6			3			0
0	1		3			6			9	
	9		7			4			1	

0	1		3		5	6		8	9	
10	9				5			2		0
	9		7			4		2		

Занятие 23

! Догадайся, какие предметы должны быть в пустых клеточках. Нарисуй их разными карандашами.

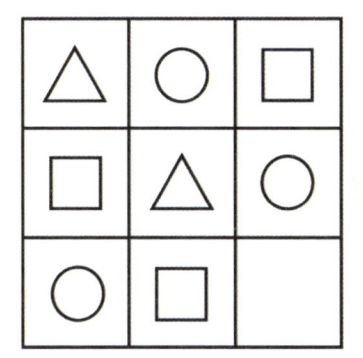

Родителям. Проанализировав, как расположены предметы по столбикам и по строчкам, малыш увидит, что в 1-й таблице не хватает треугольника, так как в каждой строчке и столбике находятся треугольник, круг, квадрат; во 2-й таблице не хватает сливы, так как в каждой строчке и столбике находятся яблоко, груша, слива. В 3-й таблице не хватает грибка, так как в каждой строчке и столбике находятся цветок, грибок, листочек.

Напиши карандашом, каких фигур больше, а каких меньше.

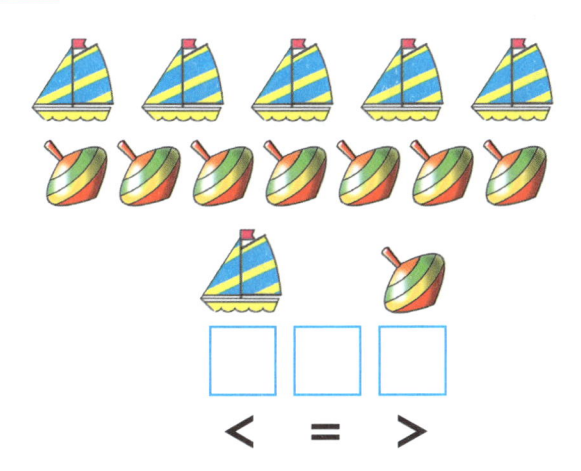

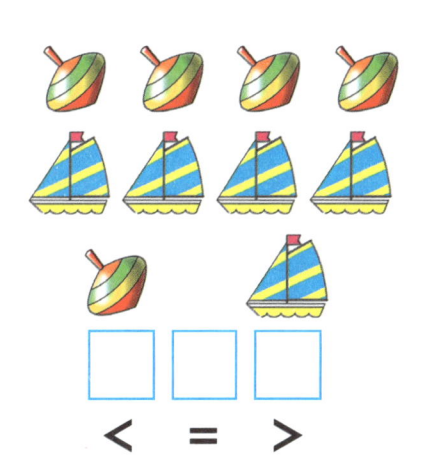

< = >

< = >

Начинаем считать

< = >

< = >

Родителям. Перед фигурами в пустых клеточках ребёнок должен записать выражения типа 5 < 7 и т. д.

Помоги котёнку спуститься с лестницы. Читай пример и называй ответ.

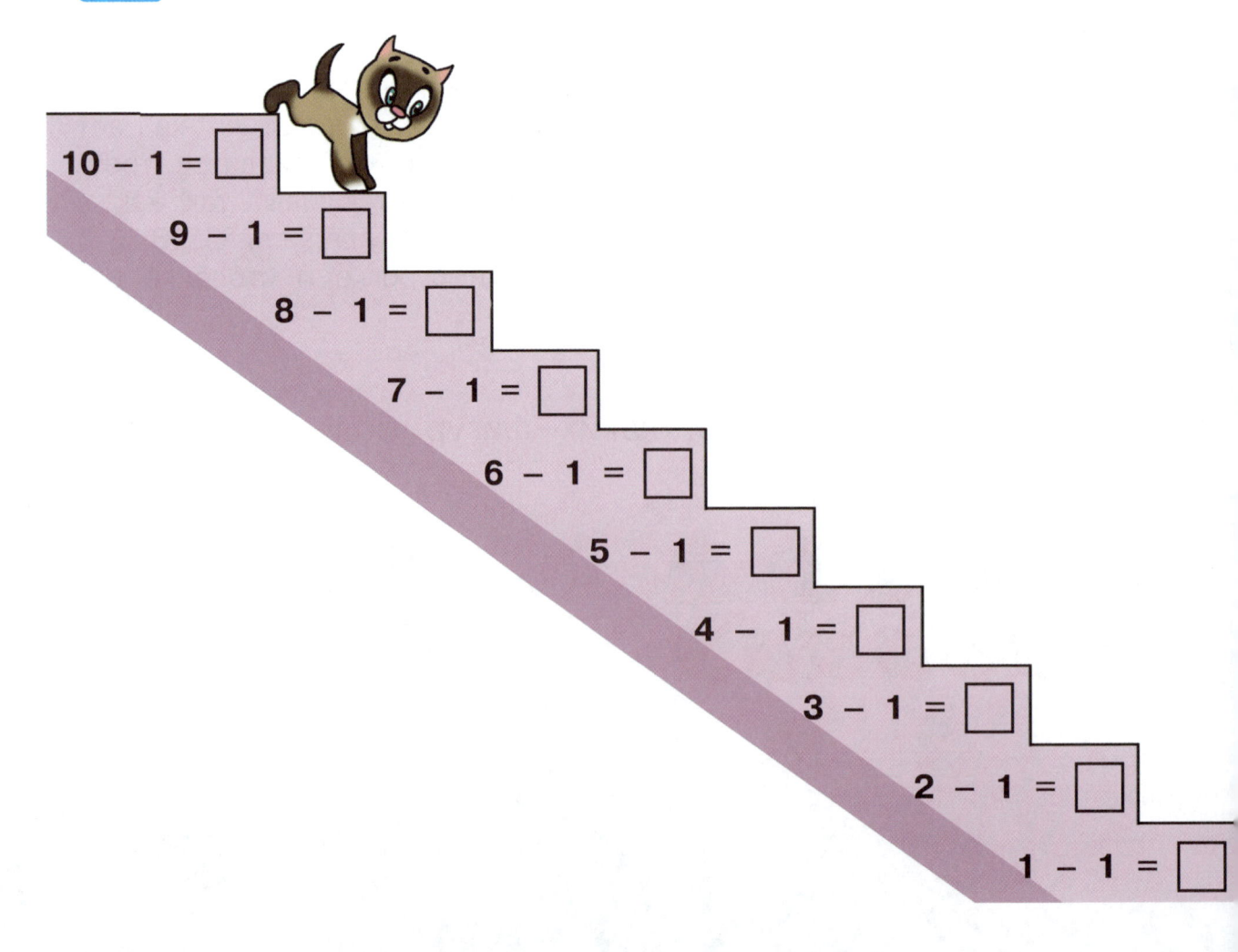

10 − 1 =
9 − 1 =
8 − 1 =
7 − 1 =
6 − 1 =
5 − 1 =
4 − 1 =
3 − 1 =
2 − 1 =
1 − 1 =

Занятие 23

! Внимательно рассмотри рисунки. Найди 9 отличий.

Попробуй сам нарисовать узор. В этом тебе помогут взрослые. Слушай их внимательно. Начинай рисовать карандашом от точки.

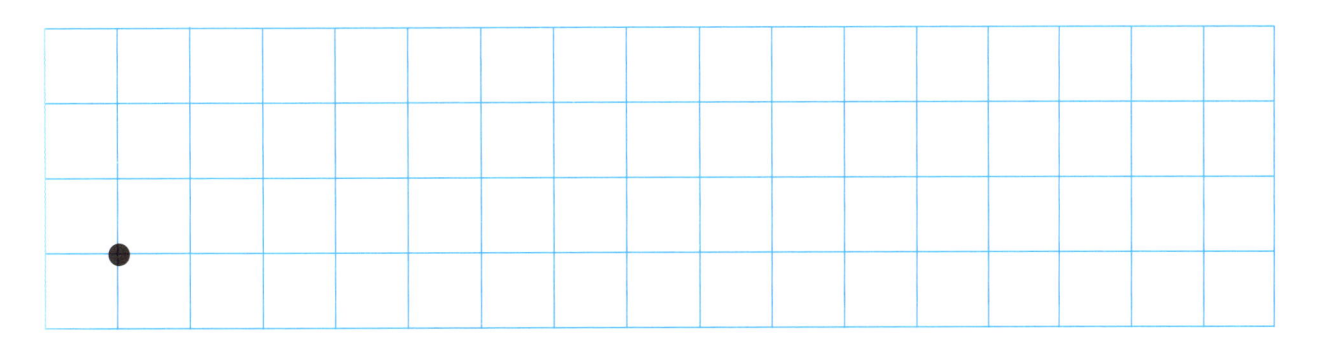

Родителям. Продиктуйте ребёнку следующее: 1 клетка вправо, 1 клетка вверх, 1 клетка вправо, 1 клетка вниз, 1 клетка вправо, 1 клетка вверх, 1 клетка вправо, 1 клетка вниз и т. д. Это упражнение следует выполнять как можно чаще, усложняя его, так как оно помогает ребёнку ориентироваться в тетради.

Занятие 24

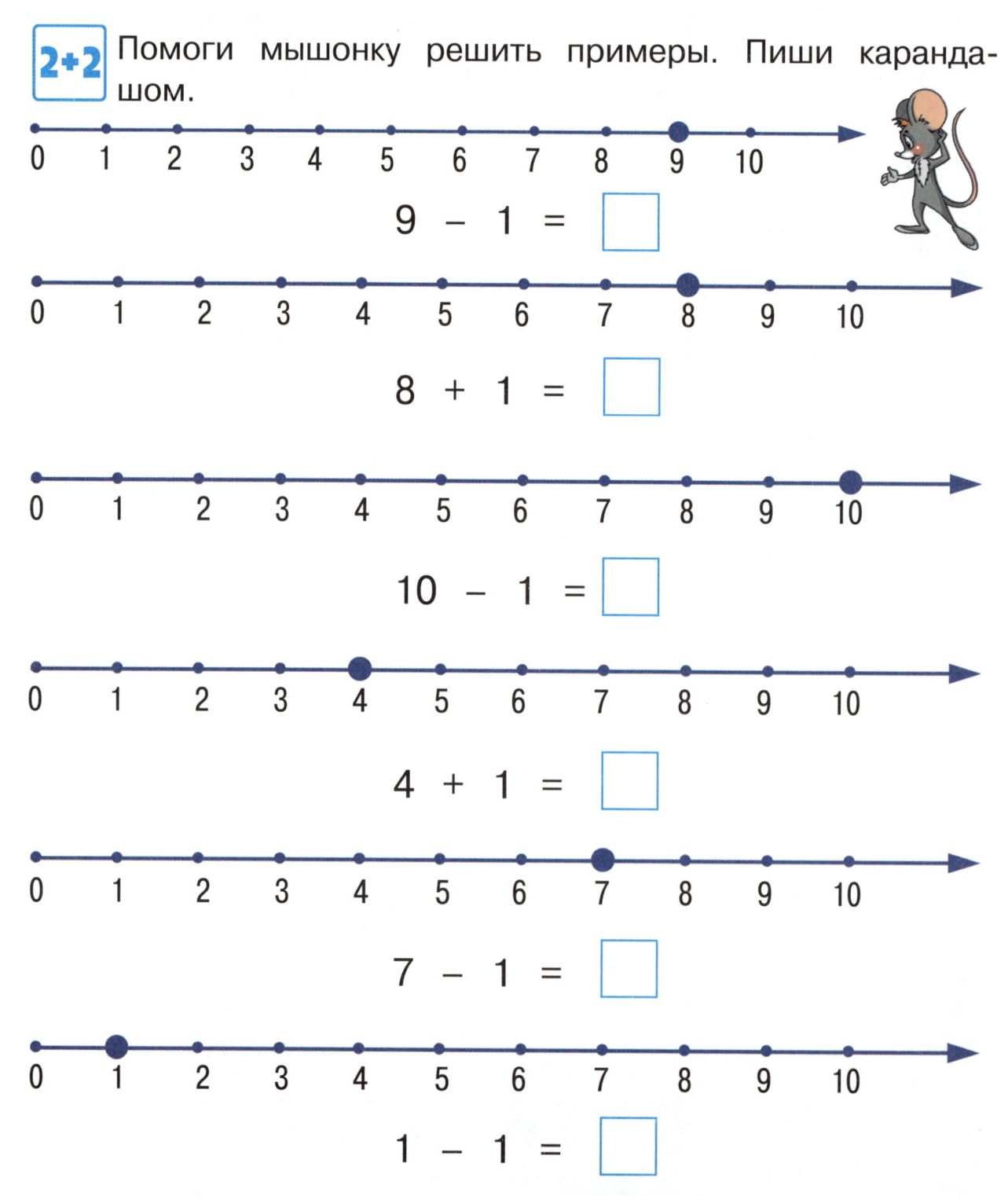

2+2 Помоги мышонку решить примеры. Пиши карандашом.

9 − 1 = ☐

8 + 1 = ☐

10 − 1 = ☐

4 + 1 = ☐

7 − 1 = ☐

1 − 1 = ☐

Занятие 24

Нарисуй несколько флажков, но так, чтобы их было меньше, чем шариков. Запиши в пустых клеточках количество шариков и получившееся количество флажков. Работай карандашом.

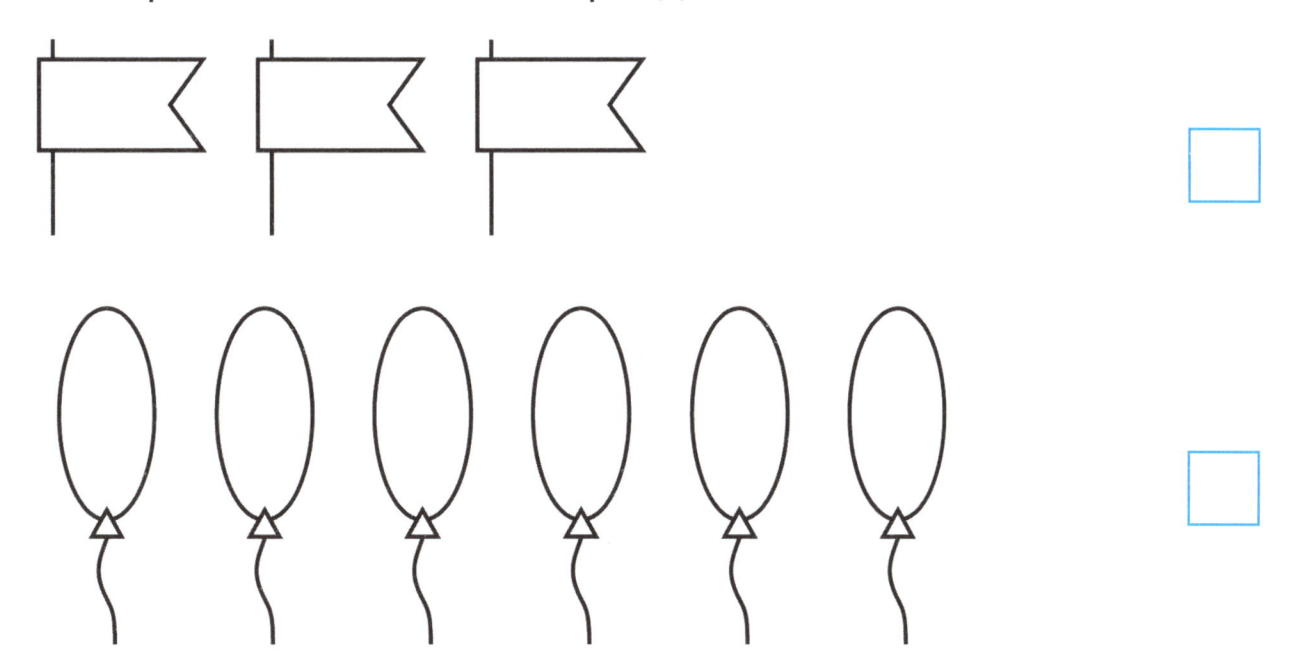

Сосчитай, сколько котят идут за кошкой. Считай их по порядку: первый, второй...

Обведи кружочком котёнка, который идёт пятым. Поставь крестик под котёнком, который идёт за третьим котёнком.
Подчеркни котёнка, который идёт перед седьмым котёнком. Работай карандашом.

Начинаем считать

74

! Помоги ёжику найти дорогу к домику. Проведи карандашом линию посередине дорожки. Путь к домику зашифрован в прямоугольнике, под рисунком.

! Догадайся, что должно быть в пустой клеточке. Заполни её. Работай карандашом.

Занятие 25

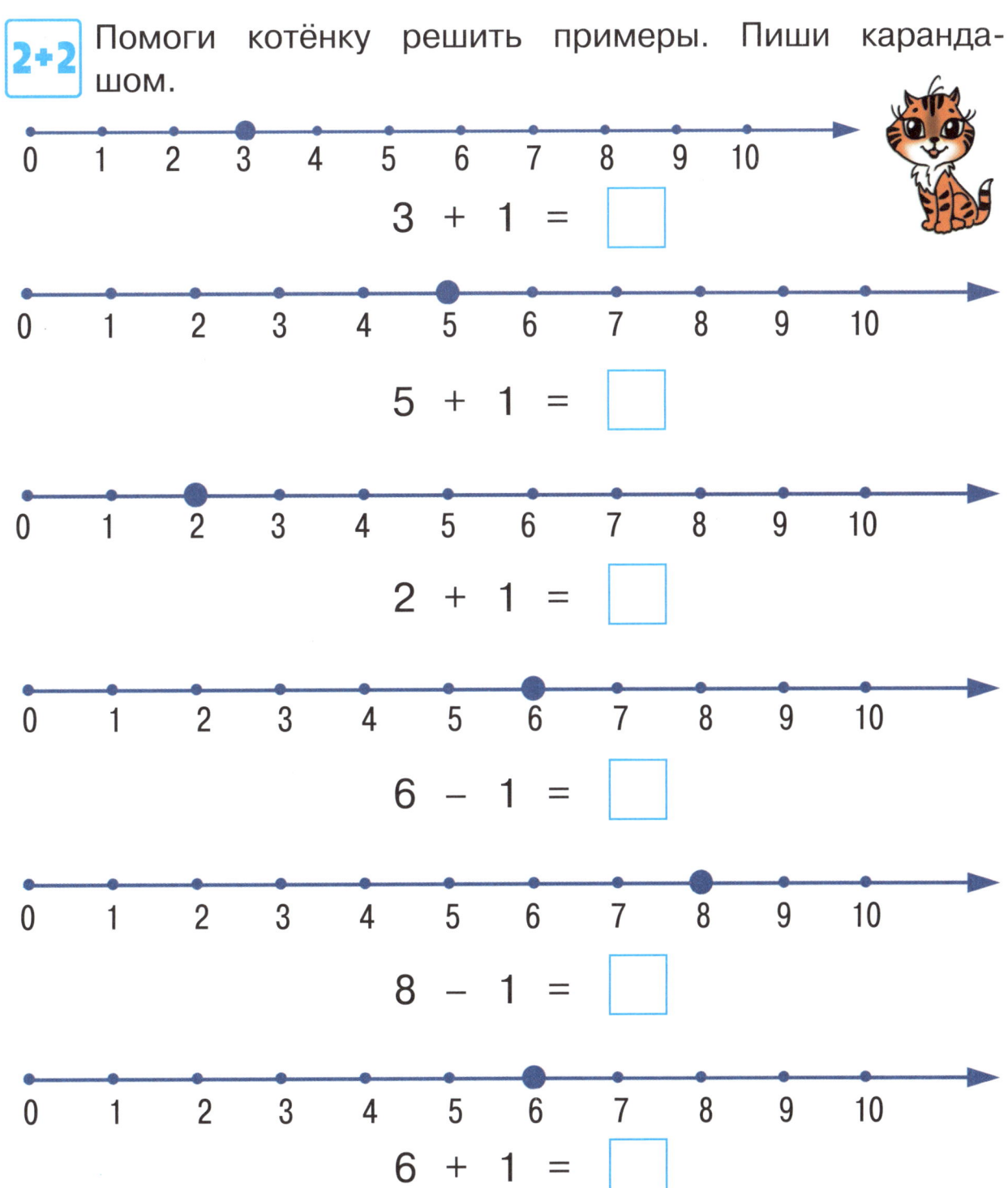

2+2 Помоги котёнку решить примеры. Пиши карандашом.

3 + 1 = ☐

5 + 1 = ☐

2 + 1 = ☐

6 − 1 = ☐

8 − 1 = ☐

6 + 1 = ☐

76 Начинаем считать

📝 Напиши карандашом, каких фигур больше, а каких меньше.

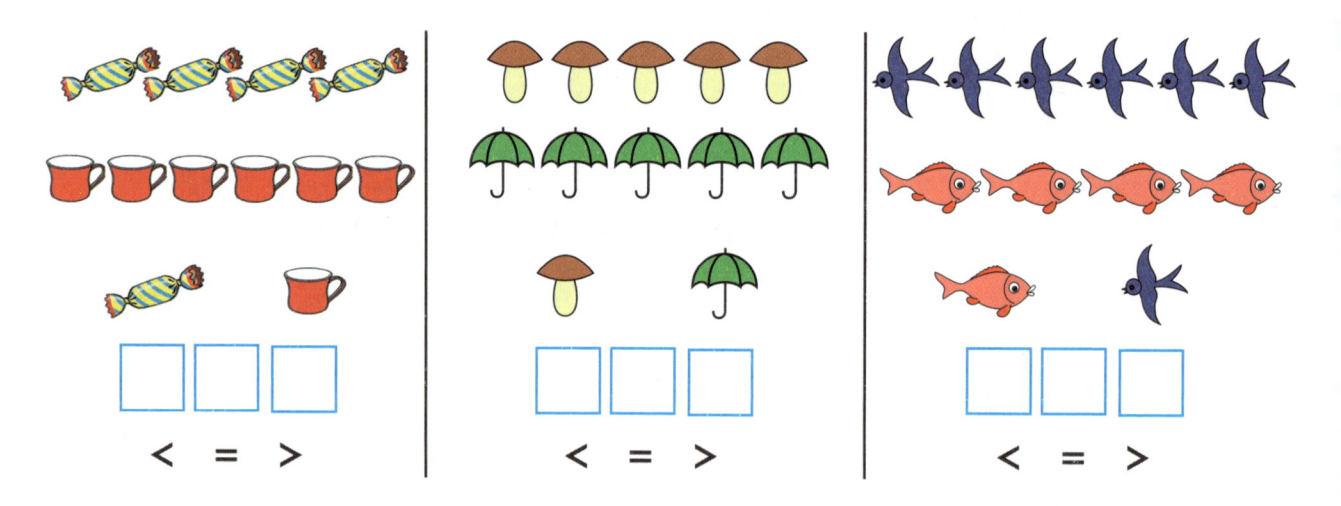

< = >   < = >   < = >

Родителям. Под фигурами в пустых клеточках ребёнок должен записать выражения типа: 4 < 6 и т. д.

❗ Отметь цифрами 1, 2, 3, 4 порядок расположения картинок, но так, чтобы не нарушилась закономерность. Пиши карандашом.

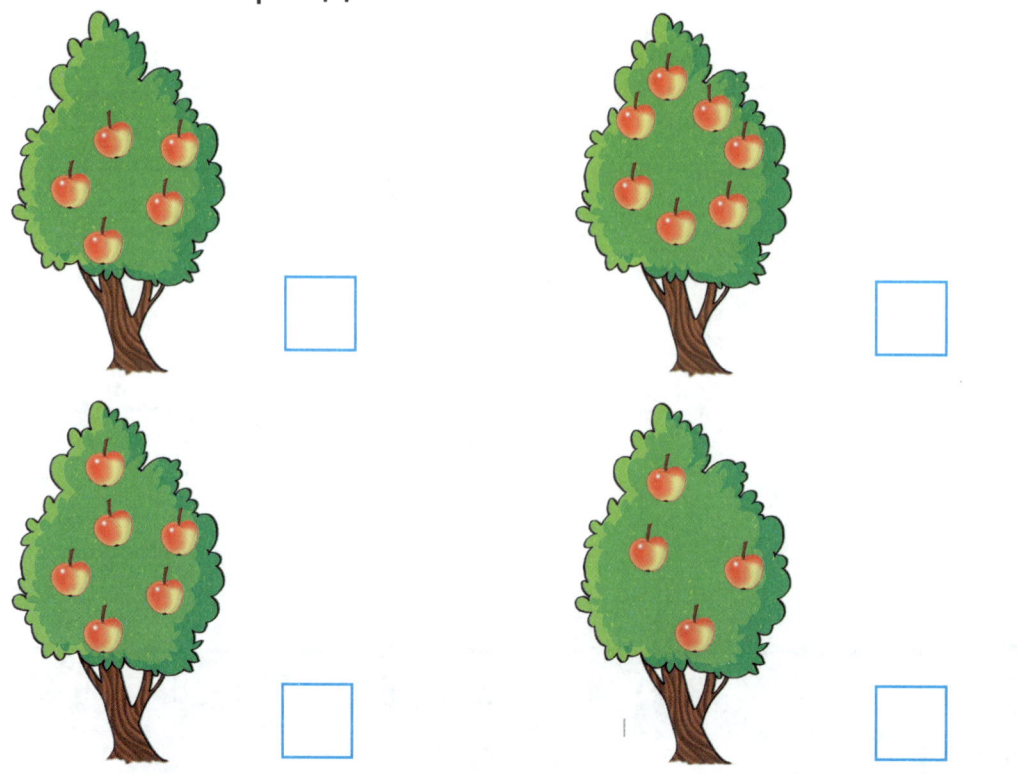

Занятие 26

Числа, расположенные на первой строчке, увеличь на 1, полученные результаты запиши карандашом под этими числами во второй строчке.

Родителям. Ребёнок должен прибавить к каждому числу 1 и записать под данным числом ответ.

7	2	8	5	4	9	1	3	6	0

Числа, расположенные на первой строчке, уменьши на 1, полученные результаты запиши карандашом под этими числами во второй строчке.

Родителям. Ребёнок должен отнять от каждого числа 1 и записать под данным числом ответ.

9	4	2	8	5	3	7	1	6	10

Начинаем считать

Напиши, каких предметов больше, а каких меньше. Чтобы не ошибиться, соедини их между собой попарно стрелочками. Работай карандашом.

< = >

< = >

! Проверь свою память и внимание. Посмотри внимательно на рисунок слева и запомни, где стоят точки, закрой рисунок листочком. На рисунке справа поставь карандашом по памяти такие же точки. Открой листочек и проверь, правильно ли выполнено задание.

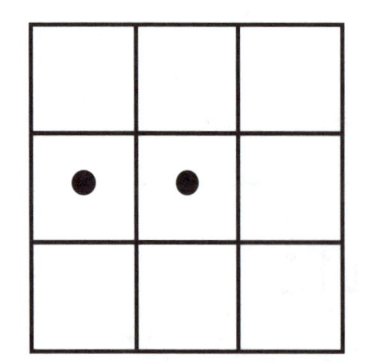

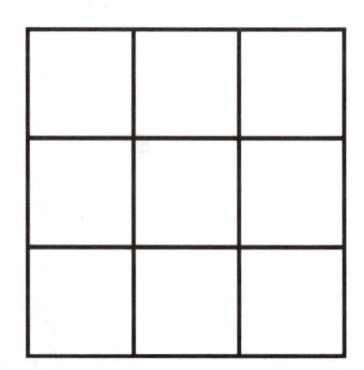

Родителям. На запоминание даётся не более 4 секунд.

Занятие 26

! Не нарушая закономерности, нарисуй карандашом цветок.

✎ Попробуй сам нарисовать узор. В этом тебе помогут взрослые. Слушай их внимательно. Начинай рисовать от точки. Работай карандашом.

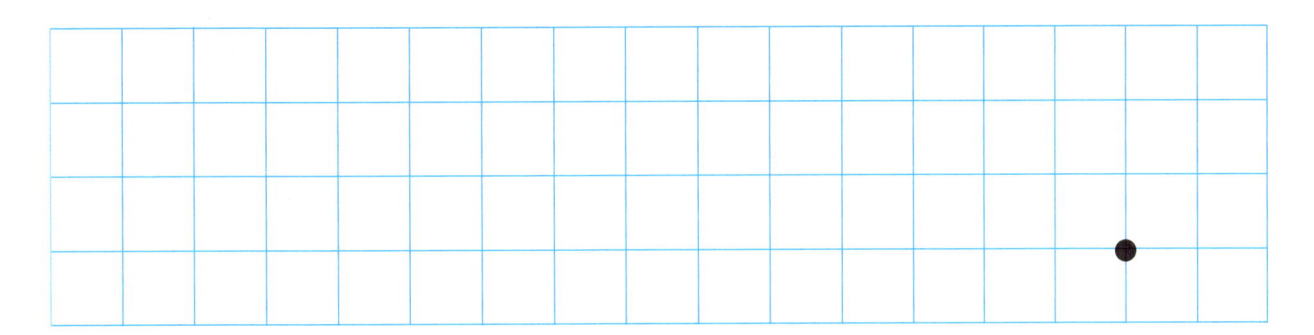

Родителям. Продиктуйте ребёнку следующее: 1 клетка влево, 1 клетка вверх, 1 клетка влево, 1 клетка вниз, 1 клетка влево, 1 клетка вверх, 1 клетка влево, 1 клетка вниз и т. д.

Занятие 27

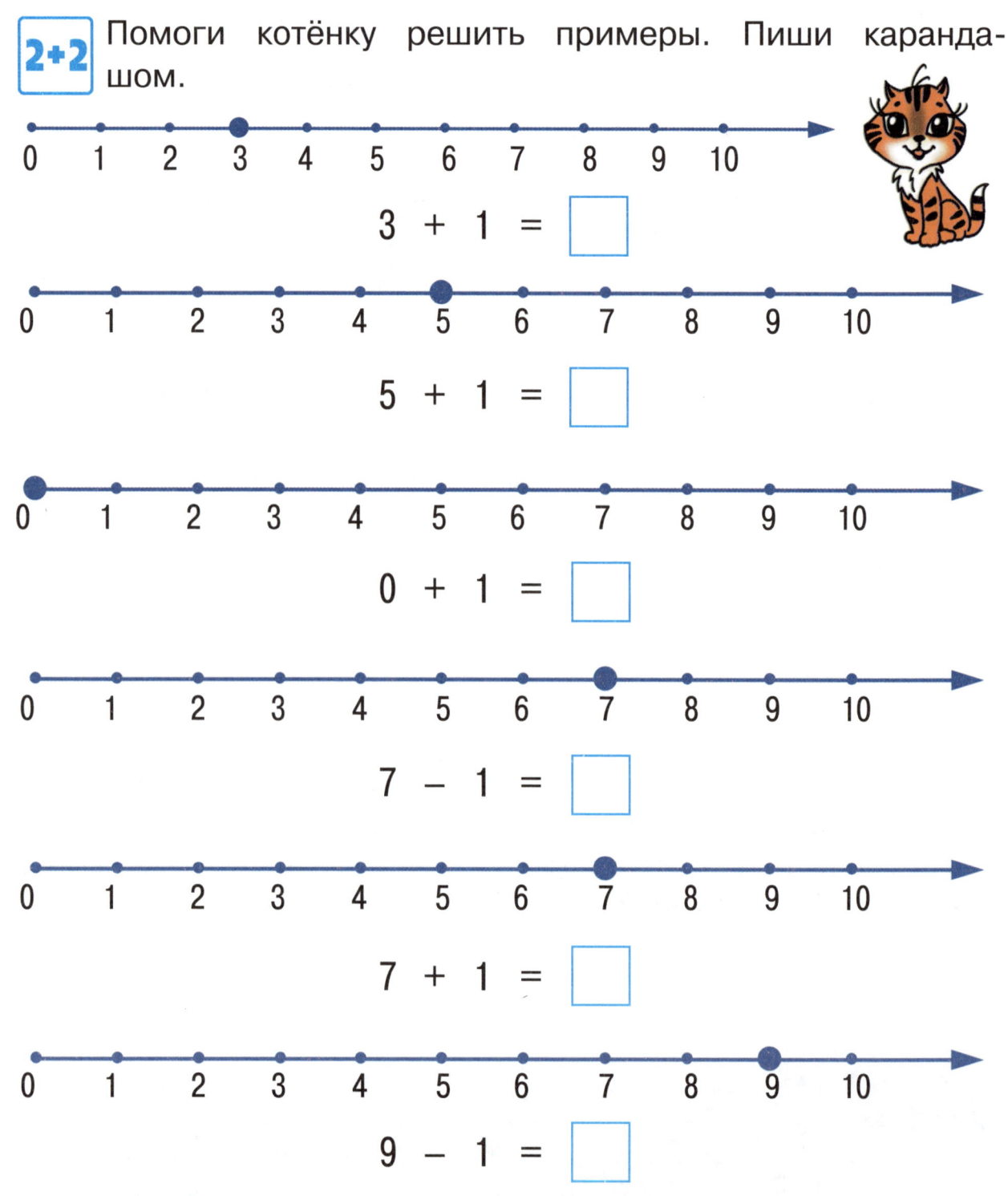

2+2 Помоги котёнку решить примеры. Пиши карандашом.

3 + 1 = ☐

5 + 1 = ☐

0 + 1 = ☐

7 − 1 = ☐

7 + 1 = ☐

9 − 1 = ☐

Занятие 27

Нарисуй узор под диктовку взрослых. Начинай рисовать от точки. Работай карандашом.

Родителям. Продиктуйте ребёнку следующее: 2 клетки вправо, 2 клетки вниз, 2 клетки вправо, 2 клетки вверх, 2 клетки вправо, 2 клетки вниз, 2 клетки вправо, 2 клетки вверх и т. д.

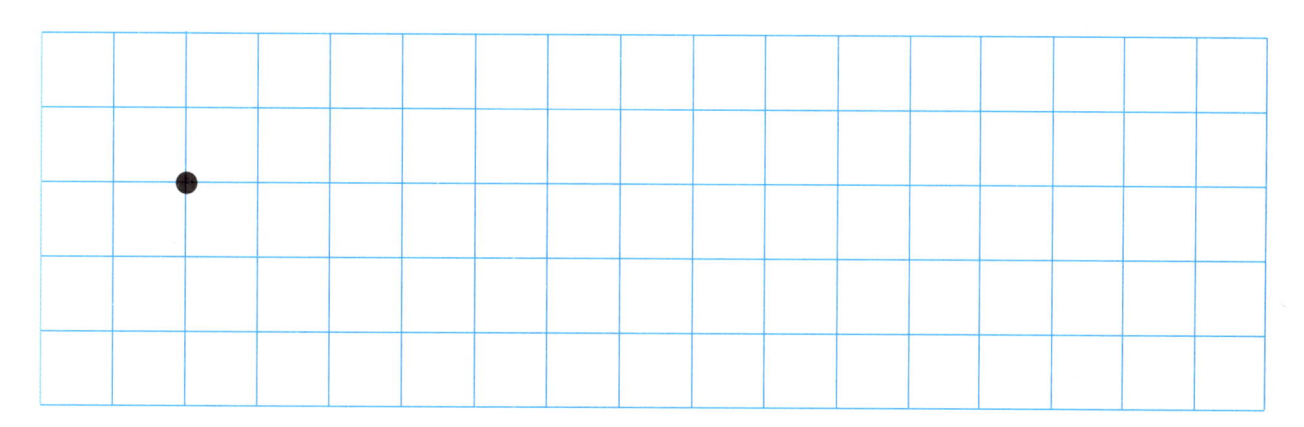

Проверь свою память и внимание. Посмотри внимательно на рисунок слева и запомни, где стоят точки. Закрой рисунок листочком. На рисунке справа поставь такие же точки. Работай карандашом. Открой листочек и проверь, правильно ли выполнено задание.

Родителям. На запоминание даётся не более 4 секунд.

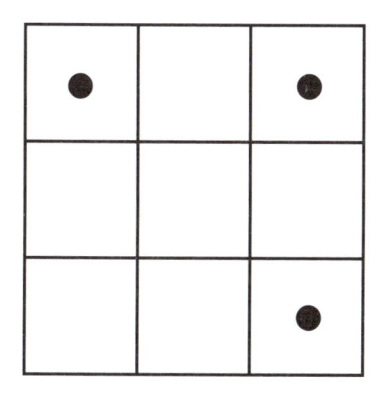

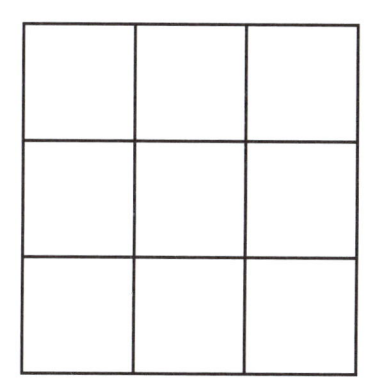

82 Начинаем считать

! Отметь цифрами 1, 2, 3, 4 порядок расположения рисунков, чтобы не нарушилась закономерность.

Занятие 28

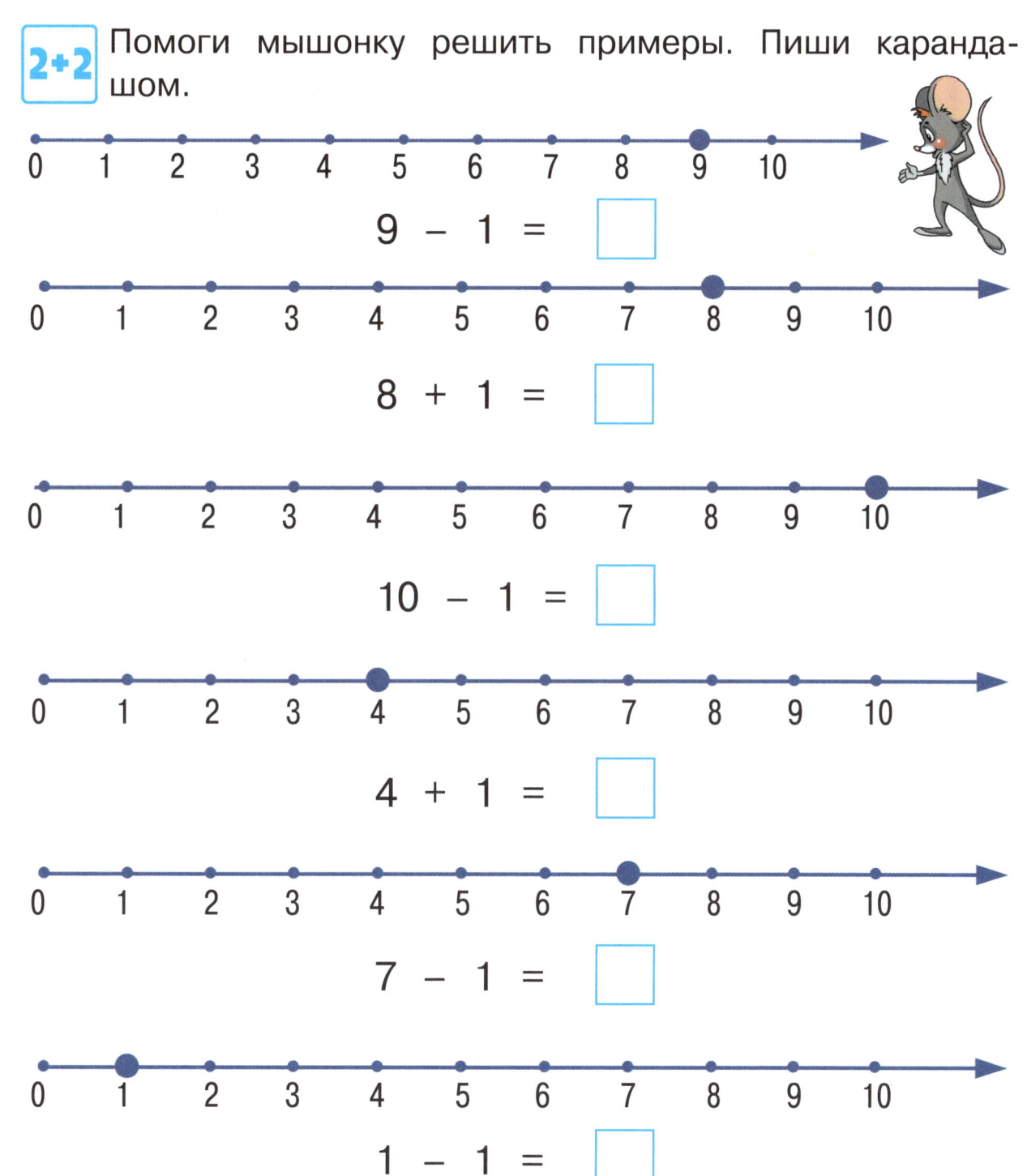

2+2 Помоги мышонку решить примеры. Пиши карандашом.

9 − 1 = ☐

8 + 1 = ☐

10 − 1 = ☐

4 + 1 = ☐

7 − 1 = ☐

1 − 1 = ☐

84 Начинаем считать

Бельчонок и зайчонок играли в домино, но допустили ошибки. Найди ошибки и обведи их красным карандашом.

Потренируйся писать цифры 3 и 8. Обведи лампы. Работай карандашом.

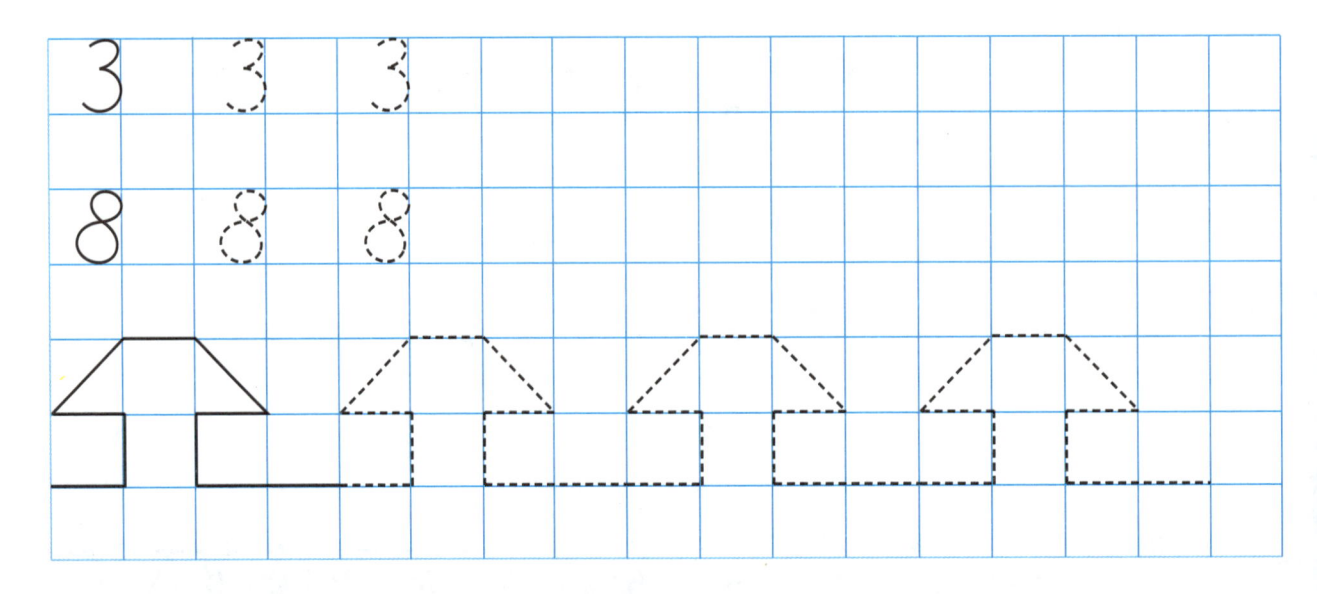

Занятие 29

! Помоги зайчику найти дорогу к домику. Проведи карандашом линию посередине дорожки. Путь к домику зашифрован в прямоугольнике под рисунком.

Начинаем считать

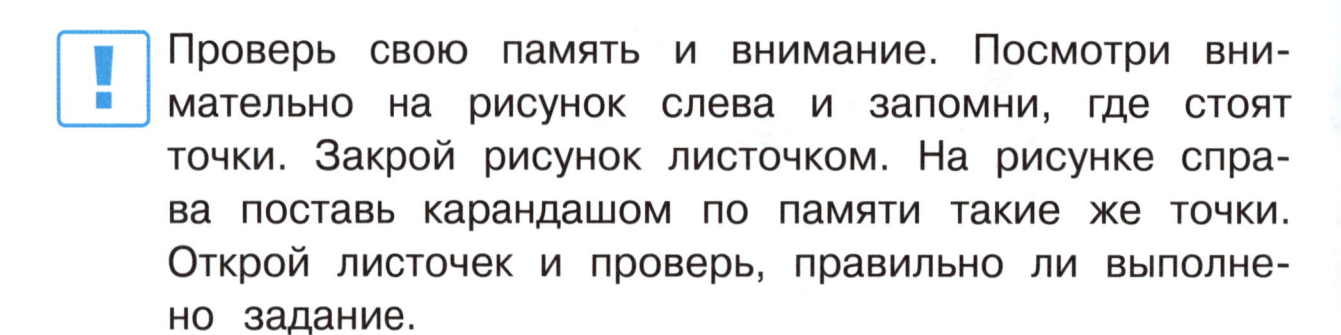

! Проверь свою память и внимание. Посмотри внимательно на рисунок слева и запомни, где стоят точки. Закрой рисунок листочком. На рисунке справа поставь карандашом по памяти такие же точки. Открой листочек и проверь, правильно ли выполнено задание.

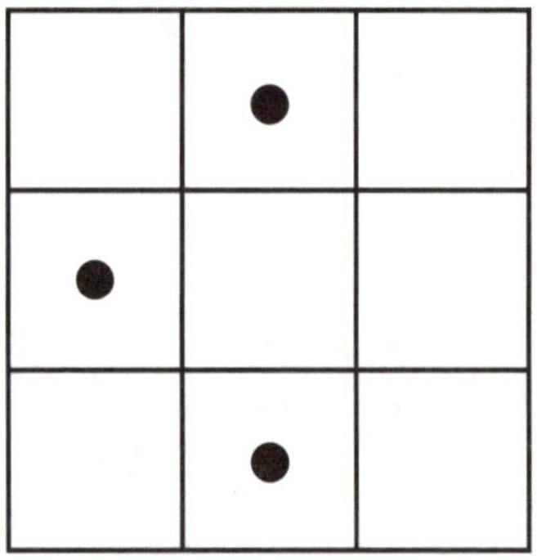

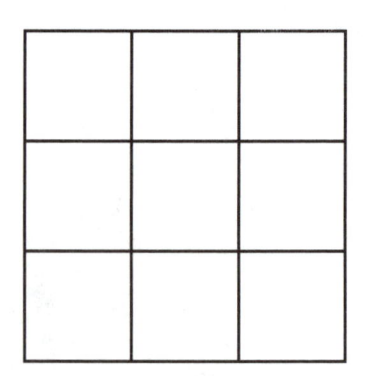

2+2 Медвежонок решал примеры и сделал несколько ошибок. Найди и исправь их. Зачеркни неверный ответ и напиши рядом правильный. Работай карандашом.

Родителям. В данном случае ребёнок не использует числовую прямую.

1 + 1 = 2   10 – 1 = 9

3 + 1 = 5   7 – 1 = 8

5 + 1 = 6   2 – 1 = 1

7 + 1 = 8   4 – 1 = 3

2 + 1 = 4   8 – 1 = 6

6 + 1 = 7   1 – 1 = 0

Изучаем звуки и буквы

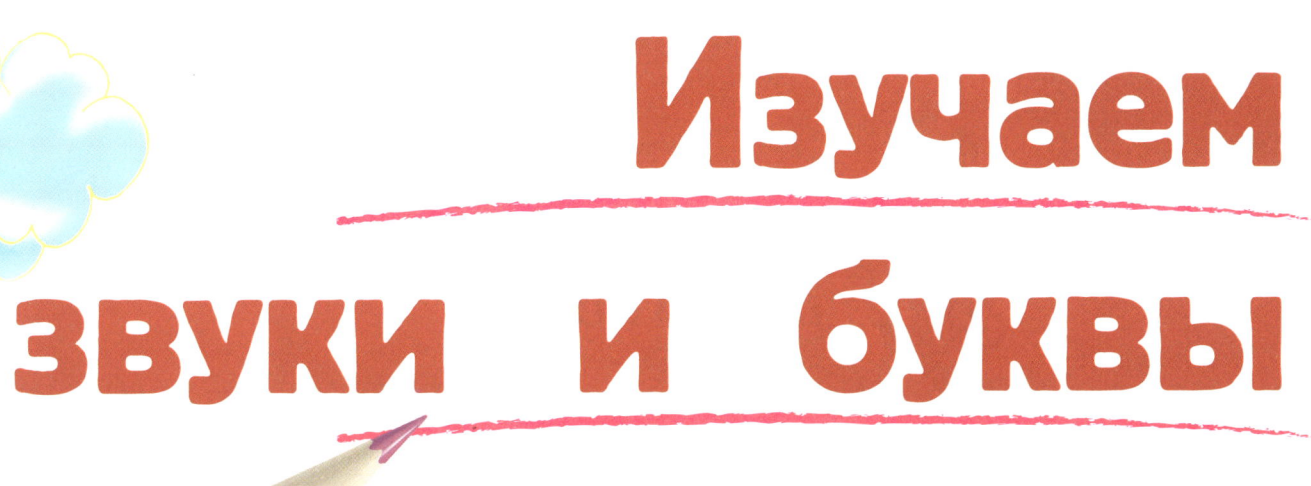

Занятие 1

А

Занятие 1

Напиши букву карандашом.

А А А

Прочитай.

А А А

ОА ОА

Найди и обведи в кружочек букву «А» в словах. Работай карандашом.

АЙБОЛИТ   АИСТ   АСТРА   АРБУЗ

АНАНАС   АБАЖУР   АЗБУКА

АБРИКОС   АИСТЁНОК

Найди и обведи цветным карандашом на большом рисунке слева предметы, названия которых начинаются с буквы «А».

Найди букву «А» в названиях не раскрашенных на картинке предметов. Например: ВАЗА.

Занятие 2

Занятие 2

Напиши букву карандашом.

Прочитай.

о   о   о

Найди и обведи в кружочек букву «О» в словах. Работай карандашом.

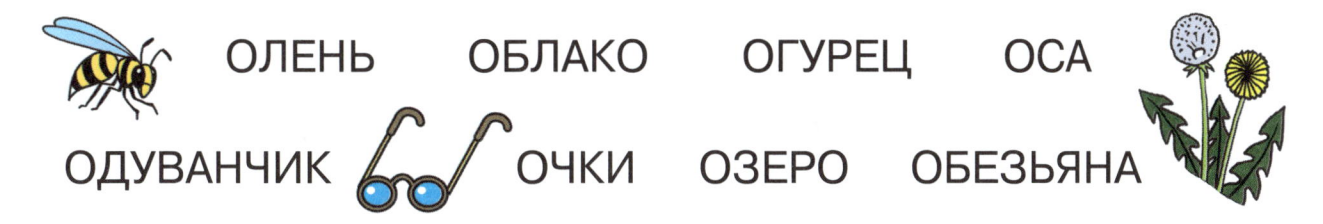

ОЛЕНЬ   ОБЛАКО   ОГУРЕЦ   ОСА

ОДУВАНЧИК   ОЧКИ   ОЗЕРО   ОБЕЗЬЯНА

Найди и обведи цветным карандашом на большом рисунке слева предметы и животных, названия которых начинаются на букву «О».

Преврати овалы во что-нибудь интересное. Работай карандашом.

Занятие 3

У

Занятие 3

93

Напиши букву карандашом.

У У У

Прочитай.

А О У АУ УА

Родителям. Объясните ребёнку, что сочетания букв АУ и УА являются словами. «УА» — так плачет малыш, «АУ» — так кричат заблудившиеся люди.

Найди и обведи в кружочек букву «У» в словах. Работай карандашом.

УЗЕЛОК УЖ УЛИТКА
УЛЫБКА УТКА УДОЧКА

Найди и обведи цветным карандашом на большом рисунке предметы и животных, названия которых начинаются на букву «У».

Раскрась вагончики с буквой «О» — жёлтым карандашом, с буквой «А» — красным карандашом, с буквой «У» — коричневым. Прочитай, как гудит паровозик. Какую песенку поют вагончики?

О А У О У А

Родителям. Предложите ребёнку раскрашивать поезд аккуратно, не заходя за контуры, иначе вагончики получатся «колючими». Таким образом со временем ребёнок научится соразмерять движения карандашом.

Занятие 4

Ы

Занятие 4

Напиши букву карандашом.

Ы Ы Ы

Прочитай.

А   О   У   Ы

Найди и обведи в кружочек букву «Ы» в словах. Работай карандашом.

БЫК   ТЫКВА   МЫШКА

КРЫША   СЫР   ДЫМ

ЦЫПЛЁНОК

Найди и обведи цветным карандашом на большом рисунке предметы и животных, в названиях которых есть буква «Ы».

Родителям. Сообщите малышу, что в русском языке буква «Ы» никогда не стоит в начале слова.

96 # Изучаем звуки и буквы

? Что изображено на рисунках?

Родителям. Учите ребёнка преобразовывать слова с помощью окончания. Предложите малышу сравнить картинки и произношение слов, их обозначающих. Выделяйте звук [Ы] при произношении слов. Объясните ребёнку, что буква «Ы» в конце слова говорит о том, что предмет не один, их несколько. Выполняя данное задание, используйте мяч. Бросайте ребёнку мяч и называйте слова, например «банан», — возвращая мяч, ребёнок говорит: «бананы».

Занятие 5

Изучаем звуки и буквы

Напиши букву карандашом.

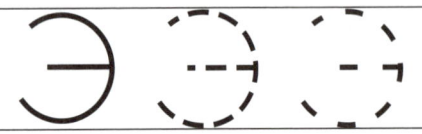

Э Э Э

Прочитай.

А   О   У   Ы   Э

Найди и обведи в кружочек букву «Э» в словах. Работай карандашом.

ЭСКИМОС   ЭКСКАВАТОР   ЭСКИМО

ЭЛЕКТРИЧКА   ЭМУ   ЭНЦИКЛОПЕДИЯ

Найди и обведи цветным карандашом на большом рисунке эскимоса, эму, экскаватор, электричку, энциклопедию, эскимо.

Родителям. Перед выполнением задания удостоверьтесь, что ребёнок знает, что такое экскаватор, электричка, энциклопедия, эскимо и кто такие эскимос и эму.

Раскрась шарики с буквой «Ы» — синим карандашом, а шарики с буквой «Э» — красным карандашом.

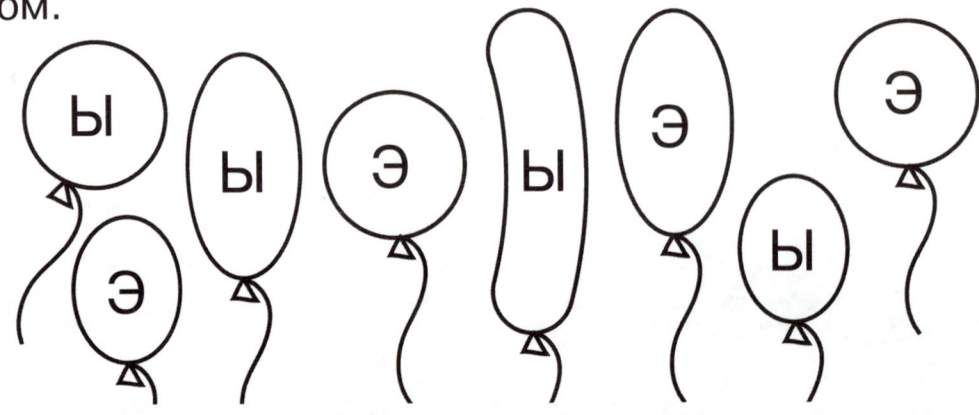

Занятие 6

Ё

Изучаем звуки и буквы

Напиши букву карандашом.

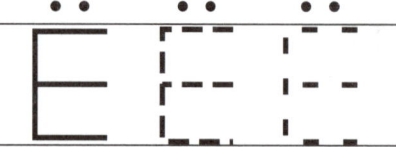

Ё ё ё

Родителям. Для лучшего зрительного запоминания буквы скажите, что она несёт яблочки. Произнесите долгий звук «ё-ё-ё-ё». (На данном возрастном этапе мы не будем акцентировать внимание детей на йотированных звуках — я, е, ё, ю. Об этом они узнают позже из школьной программы.) Скажите малышу, что этот звук «Ё» мы произносим мягко.

Прочитай.

А О У Ы Э Ё

Найди и обведи в кружочек букву «Ё» в словах. Работай карандашом.

ЁЛОЧКА ЁРШ ЁЖИК
ЛЁД КОТЁНОК

Найди и обведи цветным карандашом на большом рисунке предметы и животных, названия которых начинаются с буквы «Ё».

Родителям. Дополнительный вопрос. Где в словах «лёд» и «котёнок» расположена буква «Ё» — в начале, в середине или в конце слова?

Занятие 6

? Кого ты видишь на рисунках?

КОТЁНОК   ЯГНЁНОК   ПОРОСЁНОК   ТЕЛЁНОК

КОЗЛЁНОК   СЛОНЁНОК    ЖЕРЕБЁНОК

! Посмотри внимательно: кто лишний в этой компании?

Родителям. Познакомьте ребёнка с названиями детёнышей животных. Объясните ребёнку, что все эти животные, кроме слонёнка, живут рядом с человеком. Он кормит и заботится о них, и поэтому они называются домашними. А слонёнок живёт в дикой природе, поэтому мы его называем диким животным. Он и лишний в этой компании.

Занятие 7

Я
ЯРМАРКА

Занятие 7

Напиши букву карандашом.

Я Я Я

Прочитай.

А   О   У   Ы   Э   Ё   Я

Найди и обведи в кружочек букву «Я» в словах. Работай карандашом.

ЯКОРЬ   ЯГУАР   ЯБЛОКО   ЯЩИК

ЯЩЕРИЦА   ЯРМАРКА   ЯХТА

Найди и обведи цветным карандашом на большом рисунке предметы и животных, названия которых начинаются с буквы «Я».

Преврати круги во что-нибудь интересное. Работай цветными карандашами.

Занятие 8

Ю

Занятие 8

✏️ Напиши букву карандашом.

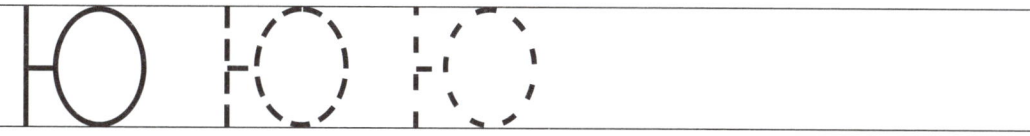

Ю Ю Ю

📖 Прочитай.

А О Ы Э Ё Я Ю

❗ Найди и обведи в кружочек букву «Ю» в словах. Работай карандашом.

ЮНГА   ЮГ   ЮЛА

❗ Подчеркни карандашом букву «Ю» в словах.

ТЮЛЬПАН 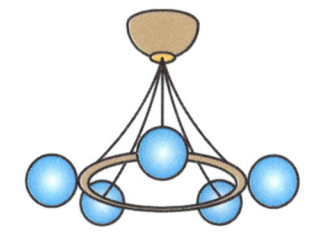   ЛЮСТРА    ВЕРБЛЮД

КРЮЧОК    ИЗЮМ    КЛЮЧ

✏️ Найди и обведи цветным карандашом на большом рисунке юнгу, юлу.

Занятие 9

И

Занятие 9

📝 Напиши букву карандашом.

И И И

Родителям. Для лучшего зрительного запоминания и написания буквы скажите, что эту букву легче писать, не отрывая руки, с использованием приговорки: «С горки вниз, на горку вверх, и опять спустились вниз».

📖 Прочитай.

А О У Ы Э Ё Я Ю И

❓ Что ты видишь на рисунках?

108 Изучаем звуки и буквы

! Найди и обведи в кружочек букву И в словах. Работай карандашом.

ИНДЕЕЦ   ИГРУШКИ   ИНДЮК   ИРИСЫ

Найди и обведи цветным карандашом на большом рисунке предметы и животных, названия которых начинаются с буквы «И».

Родителям. Дополнительный вопрос. Где находится звук [И] в слове кубики — в начале, в середине, в конце слова?

Нарисуй цветными карандашами любой предмет, в названии которого есть буква «И».

Занятие 10

Е

Ежевика

Изучаем звуки и буквы

Напиши букву карандашом.

Е Е Е

Прочитай.

А О У Ы Э Ё Я Ю И Е

Найди и обведи в кружочек букву «Е» в словах. Работай карандашом.

ЕЛЬ ЕЖЕВИКА ЕНОТ

ЕЖИХА ЕЖАТА

Найди и обведи цветным карандашом на большом рисунке предметы и животных, названия которых начинаются с буквы «Е».

Преврати прямоугольники во что-нибудь интересное. Работай карандашом.

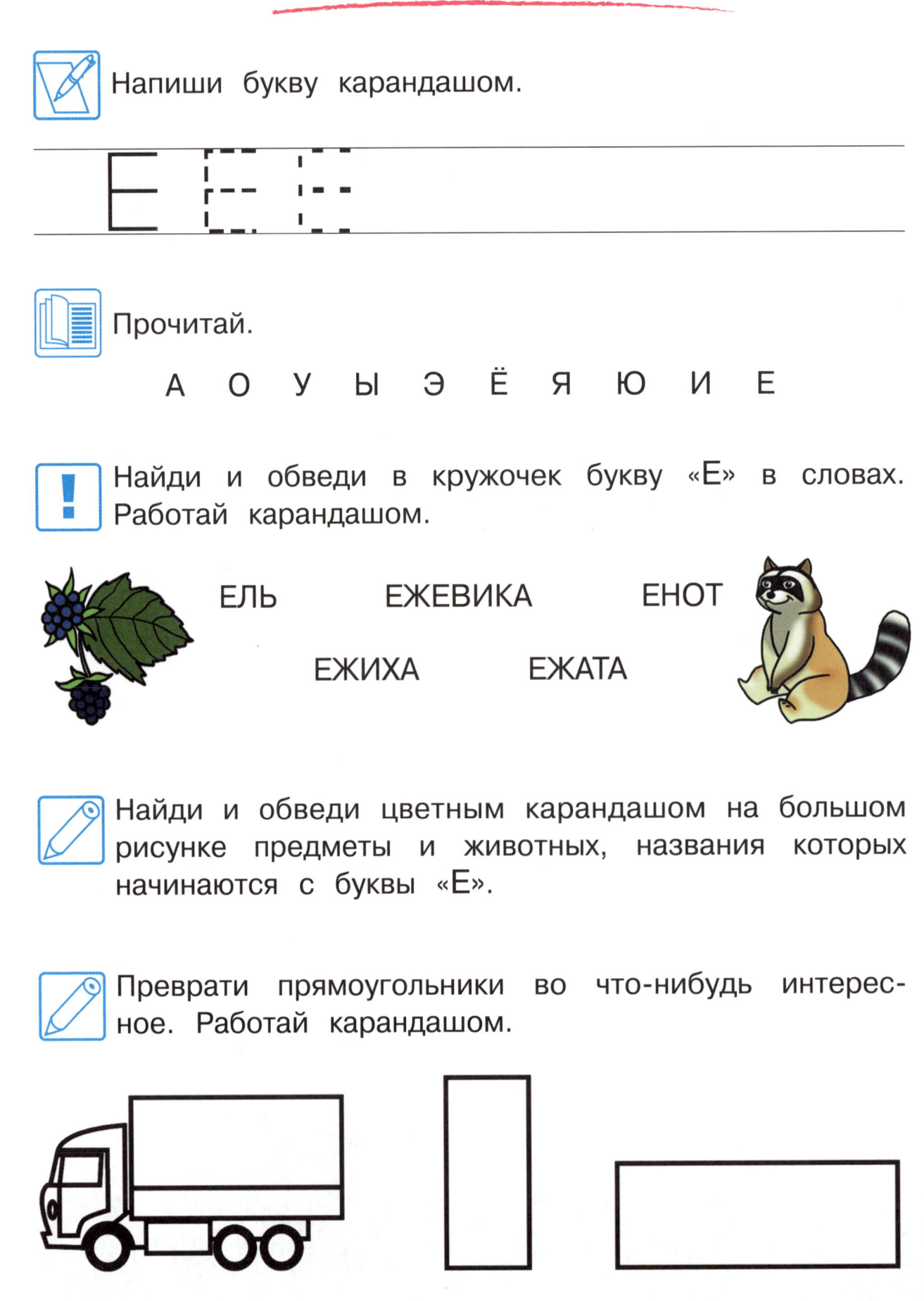

Занятие 10

! Подчеркни в словах букву «Е» — красным карандашом, а букву «Ё» — синим.

МЁД    ПЕРО    ОСЁЛ    РАСЧЁСКА

БЕЛКА    САМОЛЁТ 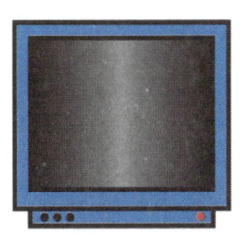   ТЕЛЕВИЗОР

Родителям. Предложите малышу сравнить произношение звуков [Э] и [Е] (звук [Е] произносится мягко).

Занятие 11

Родителям. Начиная с этого занятия мы приступаем к изучению согласных букв. Объясните ребёнку, что, так как согласных букв очень много, эти буквы решили жить в разных странах: в «стране звонких согласных» и «стране глухих согласных». Это поможет малышу в дальнейшем обучении.

Скажите ребёнку, что согласные буквы с буквами «А», «О», «У», «Э», «Ы» читаются твёрдо, а с буквами «Я», «Ё», «Ю», «Е», «И» — мягко.

Л

Занятие 11

Напиши букву карандашом.

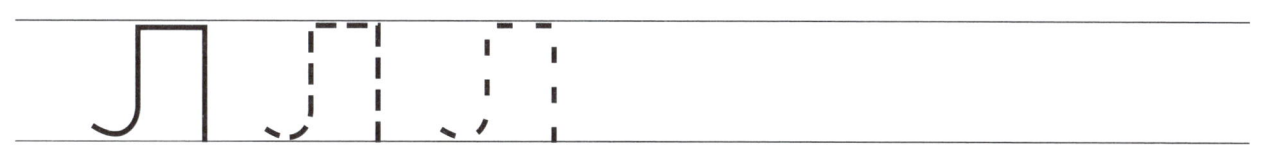

Л Л Л

Родителям. Покажите ребёнку написанную букву «Л». Произнесите звук [Л]. Попросите ребёнка, чтобы он повторил этот звук за вами. Скажите малышу, что это согласная буква, а звук — твёрдый, звонкий. Предложите ребёнку спеть этот звук, следя за тем, чтобы он произносил чистый звук [Л], не добавляя гласных звуков. Сделайте вывод, что согласный звук не поётся. Предложите вспомнить слова, которые начинаются с этого звука. Покажите малышу, как правильно писать эту букву. Предложите ему прописать эту букву, повторяя звук [Л].

Найди на большой картинке на стр. 112 предметы и животных, названия которых начинаются на букву «Л». Назови и обведи их цветным карандашом.

Прочитай.

ЕЛ   Е-ЛА   Е-ЛИ

Родителям. Поздравьте ребёнка с тем, что теперь он может читать слова, состоящие уже из трёх букв.

Сделайте вывод: слова состоят из слогов, а слоги из букв. Для лучшего запоминания создайте у ребёнка зрительный образ слова, например: слово — это дом, слоги в нём — это подъезды, а буквы — это квартиры.

При выполнении данного задания обратите внимание ребёнка на то, что слова «ели», «ела» разделено на две части потому, что там два слога: Е и ЛИ, Е и ЛА. Объясните, что одна гласная буква — это уже целый слог. Обратите внимание малыша на то, что слово «ели» имеет два значения.

Не забудьте составить рассказ по сюжетному рисунку.

114 Изучаем звуки и буквы

Напиши карандашом и прочитай слоги.

Родителям. Предложите ребёнку поиграть в машиниста и нарисовать дорожку от «Л» до «О», то есть показать путь, по которому поедет паровоз. Затем пусть малыш пальчиком проведёт дорожку от «Л» до «О». При этом паровозик должен двигаться очень быстро, чтобы получился слог ЛО. Теперь пусть ребёнок пишет маршрут поезда (ЛО в прямоугольнике) и проговаривает его.

Л ....О

Л ....А

Л ....У

Л ....Ы

Л ....Э

Л ....Ё

Л ....Я

Л ....Ю

Л ....И

Л ....Е

Занятие 12

M

116 Изучаем звуки и буквы

📝 Напиши букву карандашом.

М М М

📝 Найди на большом рисунке предметы и животных, названия которых начинаются с буквы «М». Назови и обведи их цветным карандашом.

📝 Напиши карандашом и прочитай слоги.

М .... О

М .... А

М .... У

М .... Ы

М .... Э

Занятие 12

М ....Ё

М ....Я

М ....Ю

М ....И

М ....Е

Прочитай.

МАЛ	МЕЛ	МЫЛ
МА-МА	МЫ-ЛО	МИ-ЛА

Занятие 13

Н

Занятие 13

✏️ Напиши букву карандашом.

Н Н Н

✏️ Найди на большом рисунке предметы и животных, названия которых начинаются на букву «Н». Назови и обведи их цветным карандашом.

✏️ Напиши карандашом и прочитай слоги.

Н ....О

Н ....А

Н ....У

Н ....Ы

Н ....Э

120 Изучаем звуки и буквы

Н ……………Ё

Н ……………Я

Н ……………Ю

Н ……………И

Н ……………Е

Прочитай.

ЛЁН   НИЛ   ЛЕ-НА   НЯ-НЯ

Занятие 14

Р

Изучаем звуки и буквы

Напиши букву карандашом.

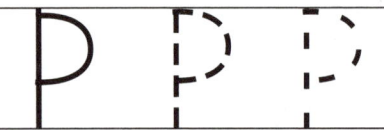

Р Р Р

! Чтобы правильно раскрасить радугу, нужно запомнить последовательность цветов. Для этого выучи стишок. Первые буквы слов в нём указывают на цвет.

Родителям. Знакомьте малыша с цветами радуги и их последовательным расположением с помощью стишка. Предложите ребёнку сначала раскрасить карандаши в соответствующий цвет и обвести первую букву в словах. Пусть ребёнок соотнесет первую букву в названии цвета и сам цвет, выделяя при проговаривании цвета первый звук.

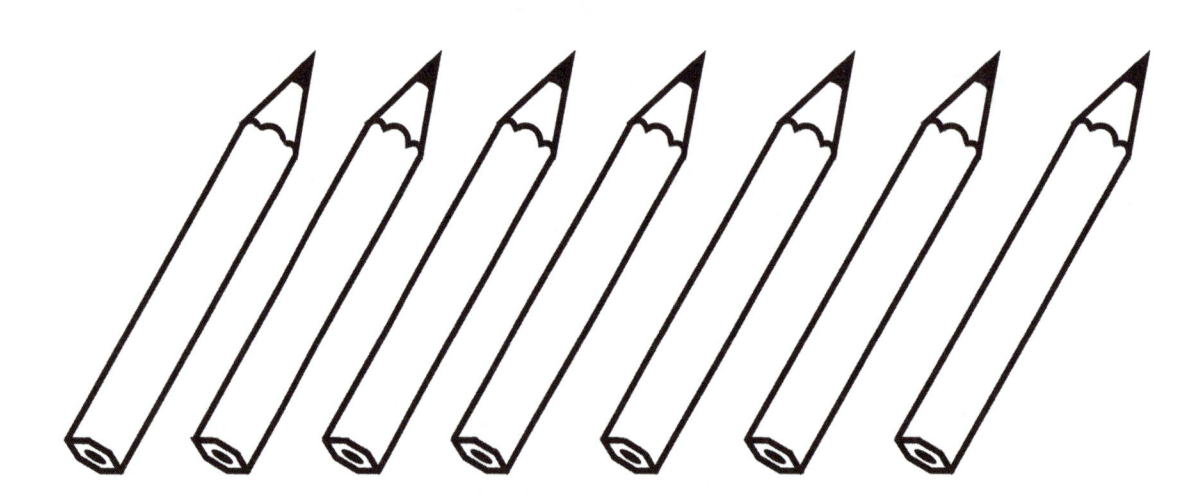

Каждый **О**хотник **Ж**елает **З**нать,
Где **С**идит **Ф**азан

Занятие 14

✏️ Напиши карандашом и прочитай слоги.

Р ....О

Р ....А

Р ....У

Р ....Ы

Р ....Э

Р ....Ё

Р ....Я

Р ....Ю

Р ....И

Р ....Е

📖 Прочитай.

МИР   НО-РА   РА-НА   МО-РЕ   РО-МА

Занятие 15

Б

Занятие 15

Напиши букву карандашом.

Б Б Б

Напиши карандашом и прочитай слоги.

Б ....О

Б ....А

Б ....У

Б ....Ы

Б ....Э

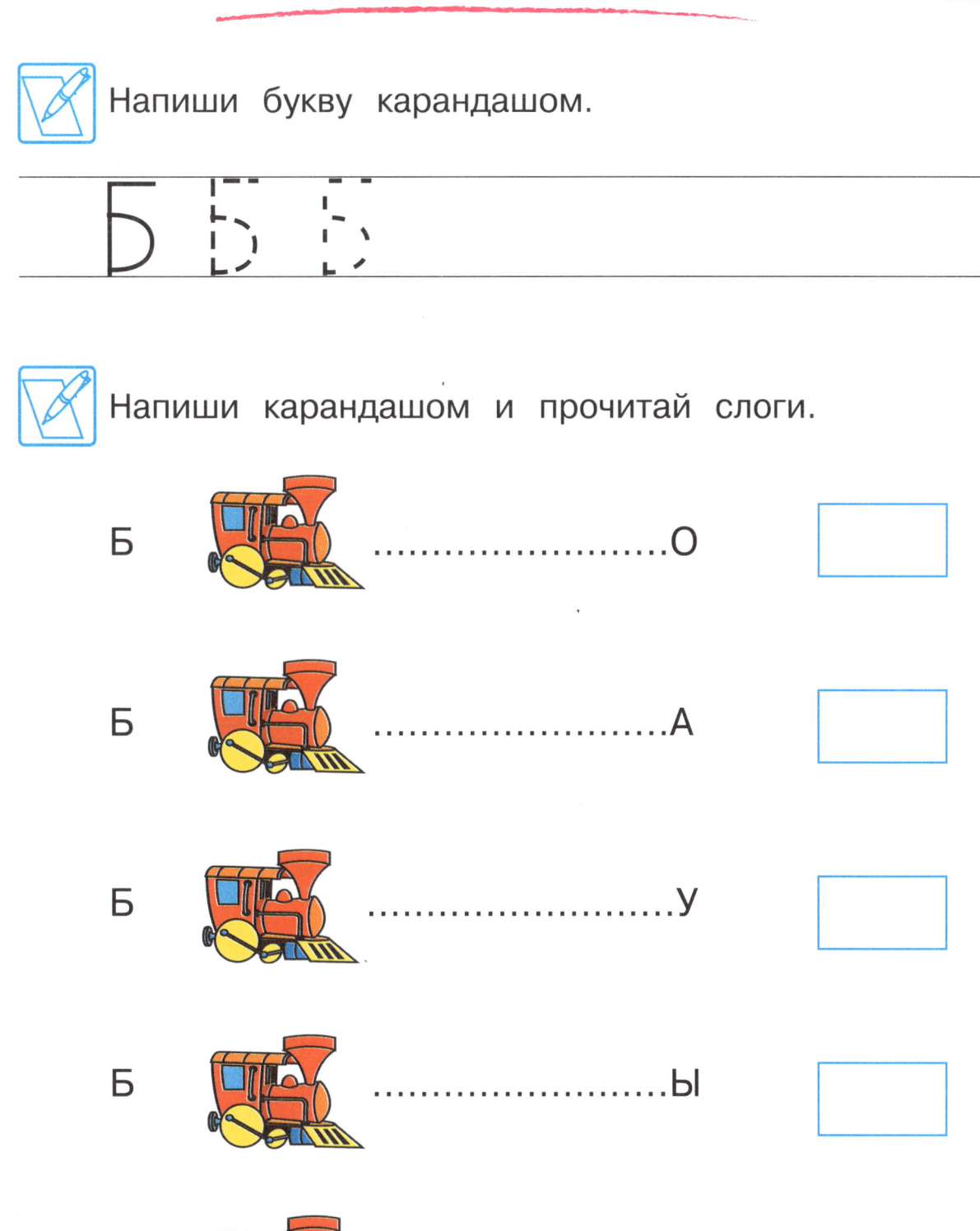

126 Изучаем звуки и буквы

Б ....Ё

Б ....Я

Б ....Ю

Б ....И

Б ....Е

Найди и обведи цветным карандашом на большом рисунке предметы и животных, названия которых начинаются с перечисленных выше слогов.

Прочитай.

БАЛ   ЛОБ   БА-РАН

НЕ-БО   БО-РЯ

Занятие 16

П

Изучаем звуки и буквы

✎ Напиши букву карандашом.

Родителям. Обратите внимание малыша на то, что «П» — это согласная буква, звук [П] твёрдый и глухой. Предложите ребёнку сравнить звуки [Б] и [П], сделайте вывод: [Б] — звучит звонко, а [П] — глухо.

✎ Напиши карандашом и прочитай слоги.

П ....О

П ....А

П ....У

П ....Ы

П ....Э

Занятие 16

П ....Ё

П ....Я

П ....Ю

П ....И

П ....Е

Найди и обведи цветным карандашом на большом рисунке предметы и животных, названия которых начинаются с перечисленных выше слогов.

Прочитай.

    ПЕЛ   ПОЛ

ПА-ПА ЛА-ПА ПЕ-НА ПЮ-РЕ

Занятие 17

В

Занятие 17

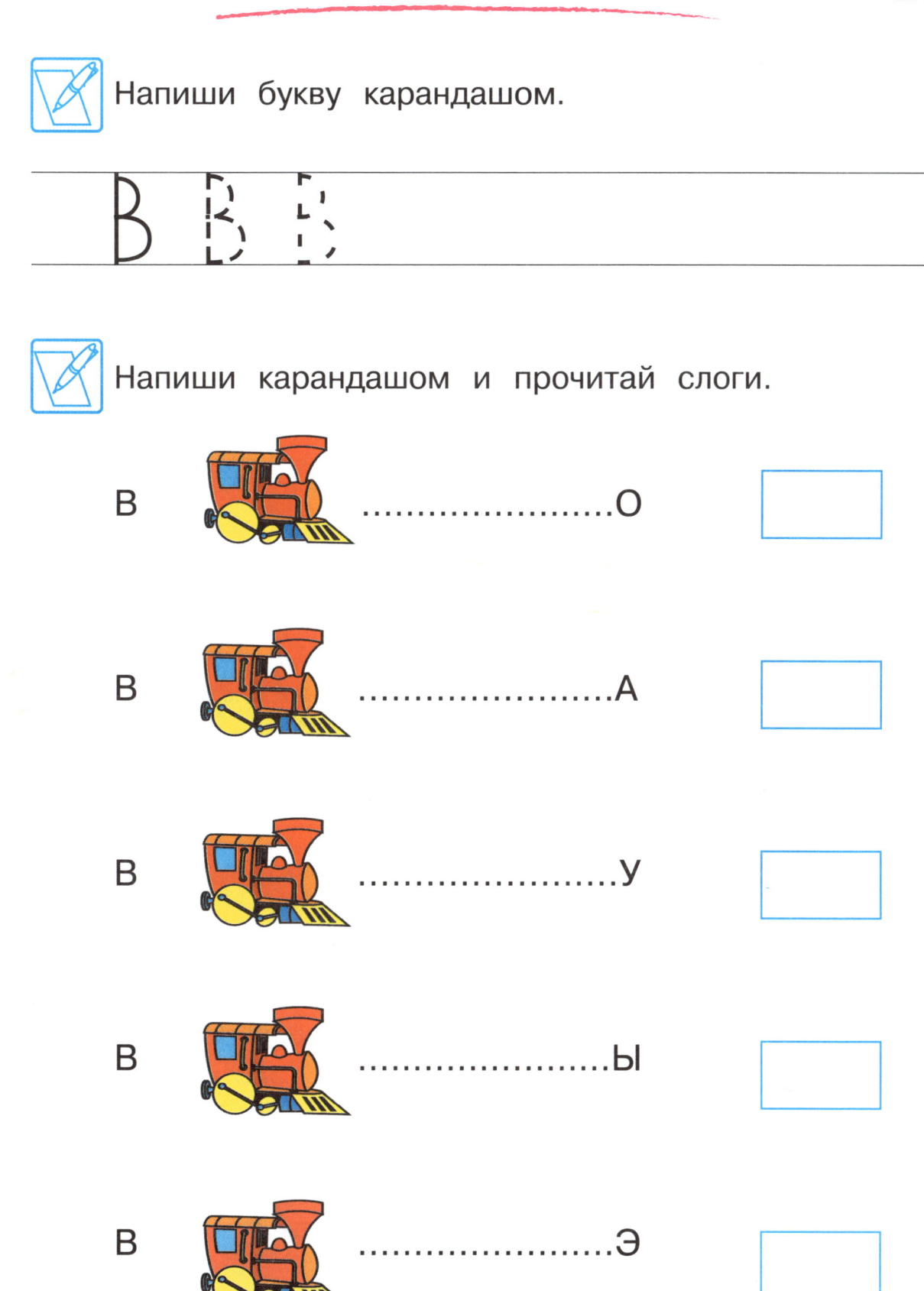

Напиши букву карандашом.

В В В

Напиши карандашом и прочитай слоги.

В ....О

В ....А

В ....У

В ....Ы

В ....Э

132 Изучаем звуки и буквы

В 🚂 ....Ё   ☐

В 🚂 ....Я   ☐

В 🚂 ....Ю   ☐

В 🚂 ....И   ☐

В 🚂 ....Е   ☐

✏️ Найди и обведи цветным карандашом на большом рисунке предметы и животных, названия которых начинаются с перечисленных выше слогов.

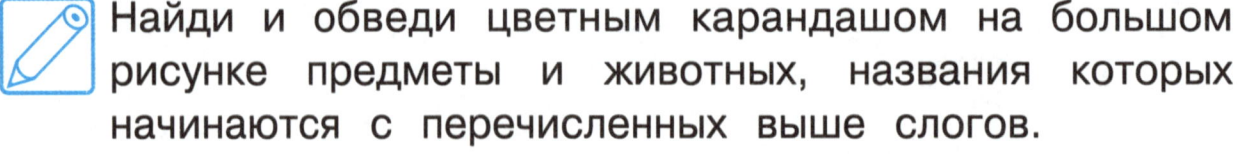

📖 Прочитай.

ВОЛ-НА   ВЫЛ

ВИ-ЛЫ   ВЕ-РА   ВА-ЛЯ

Занятие 18

Ф

134 Изучаем звуки и буквы

Напиши букву карандашом.

Ф

Напиши карандашом и прочитай слоги.

Ф ....О

Ф ....А

Ф ....У

Ф ....Ы

Ф ....Э

Занятие 18

135

Ф ....Ё

Ф ....Я

Ф ....Ю

Ф ....И

Ф ....Е

Найди и обведи цветным карандашом на большом рисунке предметы и животных, названия которых начинаются с перечисленных выше слогов.

Прочитай.

НАФ-НАФ   НИФ-НИФ   НУФ-НУФ

ФЕН   ФИ-ЛИН   РИФ

Занятие 19

Занятие 19

Напиши букву карандашом.

Напиши карандашом и прочитай слоги.

Г ....О

Г ....А

Г ....У

Г ....Ы

Г ....Э

138 Изучаем звуки и буквы

Г 🚂 ....Ё

Г 🚂 ....Я

Г 🚂 ....Ю

Г 🚂 ....И

Г 🚂 ....Е

✏️ Найди и обведи цветным карандашом на большом рисунке предметы и животных, названия которых начинаются с перечисленных выше слогов.

📖 Прочитай.

ГАМ   МАГ   ГОЛ   ГУЛ

ГА-ЛЯ   НО-ГА   РО-ГА   ГО-РА

Занятие 20

K

140 Изучаем звуки и буквы

✎ Напиши букву карандашом.

К К К

✎ Напиши карандашом и прочитай слоги.

К 🚂 ....О ☐

К 🚂 ....А ☐

К 🚂 ....У ☐

К 🚂 ....Ы ☐

К 🚂 ....Э ☐

Занятие 20

141

К ....Ё

К ....Я

К ....Ю

К ....И

К ....Е

Найди и обведи цветным карандашом на большом рисунке предметы и животных, названия которых начинаются с перечисленных выше слогов.

Прочитай.

КОЛ   КИТ   ТОК   КОТ   РАК   КОМ

РУ-КА   КО-РА

Занятие 21

Занятие 21

143

✎ Напиши букву карандашом.

Д Д Д

✎ Напиши карандашом и прочитай слоги.

Д ....О

Д ....А

Д ....У

Д ....Ы

Д ....Э

144 Изучаем звуки и буквы

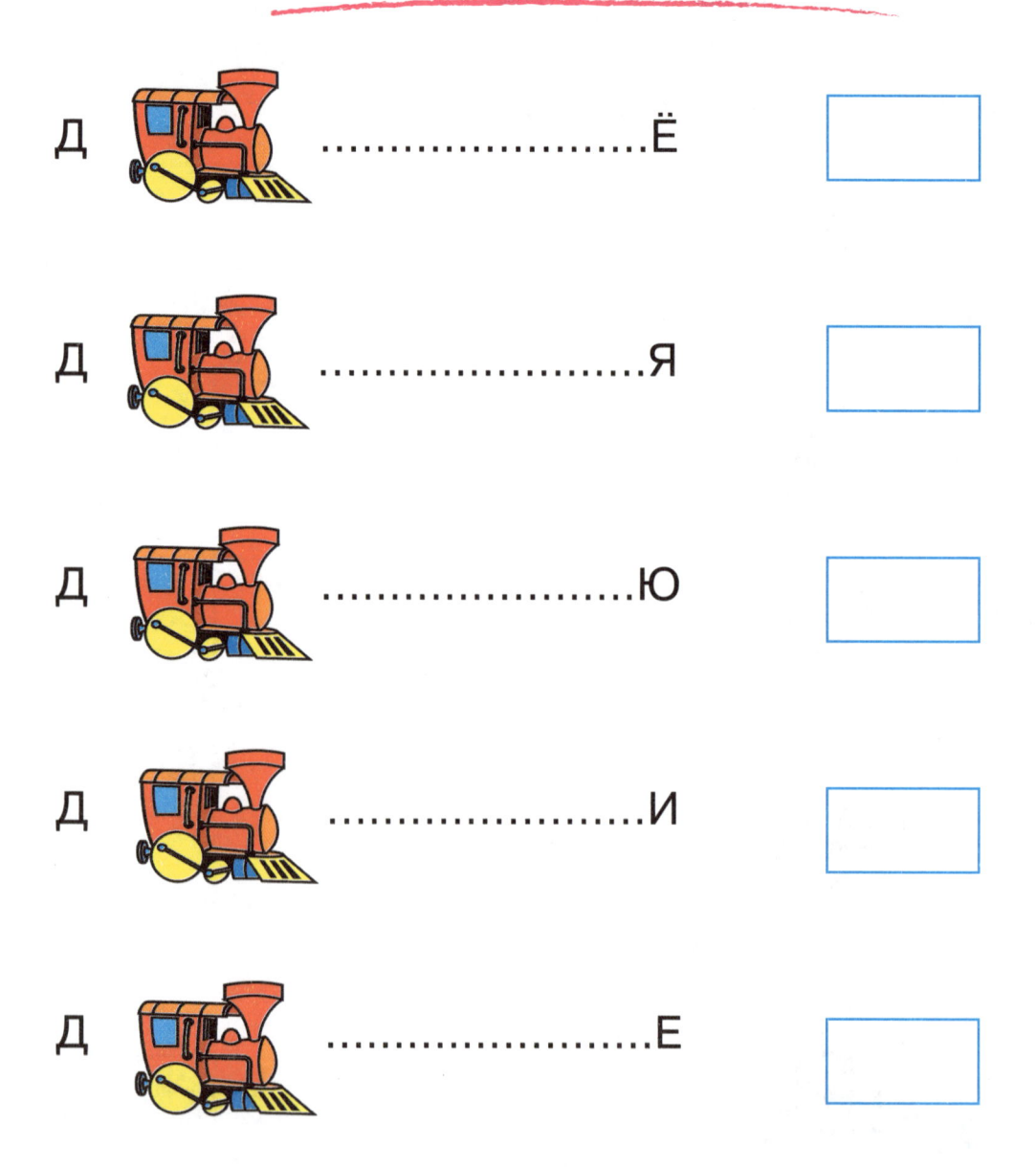

Д 🚂 ....Ё ☐

Д 🚂 ....Я ☐

Д 🚂 ....Ю ☐

Д 🚂 ....И ☐

Д 🚂 ....Е ☐

✏️ Найди и обведи цветным карандашом на большом рисунке предметы и животных, названия которых начинаются с перечисленных выше слогов.

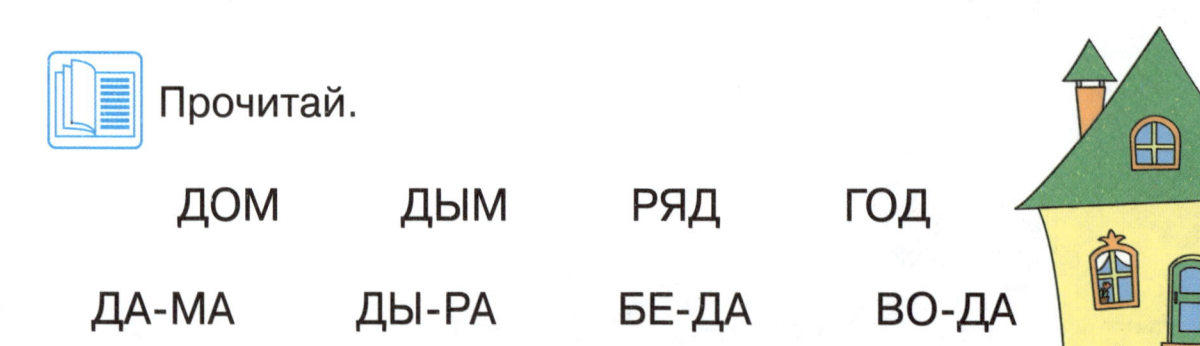

📖 Прочитай.

ДОМ   ДЫМ   РЯД   ГОД

ДА-МА   ДЫ-РА   БЕ-ДА   ВО-ДА

Занятие 22

T

146 Изучаем звуки и буквы

Напиши букву карандашом.

Напиши карандашом и прочитай слоги.

Т ....О

Т ....А

Т ....У

Т ....Ы

Т ....Э

Занятие 22

147

Т .... Ё

Т .... Я

Т .... Ю

Т .... И

Т .... Е

Найди и обведи цветным карандашом на большом рисунке предметы и животных, названия которых начинаются с перечисленных выше слогов.

Прочитай.

ТОК   КОТ   ТИК-ТАК   ТА-НЯ

ТЁ-ТЯ   ТЕ-ЛО   ТА-МА-РА

Занятие 23

! Помоги божьим коровкам выбрать правильный цветок. Для этого цветок с гласными буквами раскрась красным карандашом, а с согласными — голубым. Каждую божью коровку раскрась в цвет того цветочка, который ей нужен.

Родителям. Закрепляем знания о гласных и согласных буквах.

Занятие 23

149

! Соедини рисунок с нужной схемой. Работай карандашом.

Г————К

Г——К——

К————К

К——Г——

📖 Прочитай слоги.

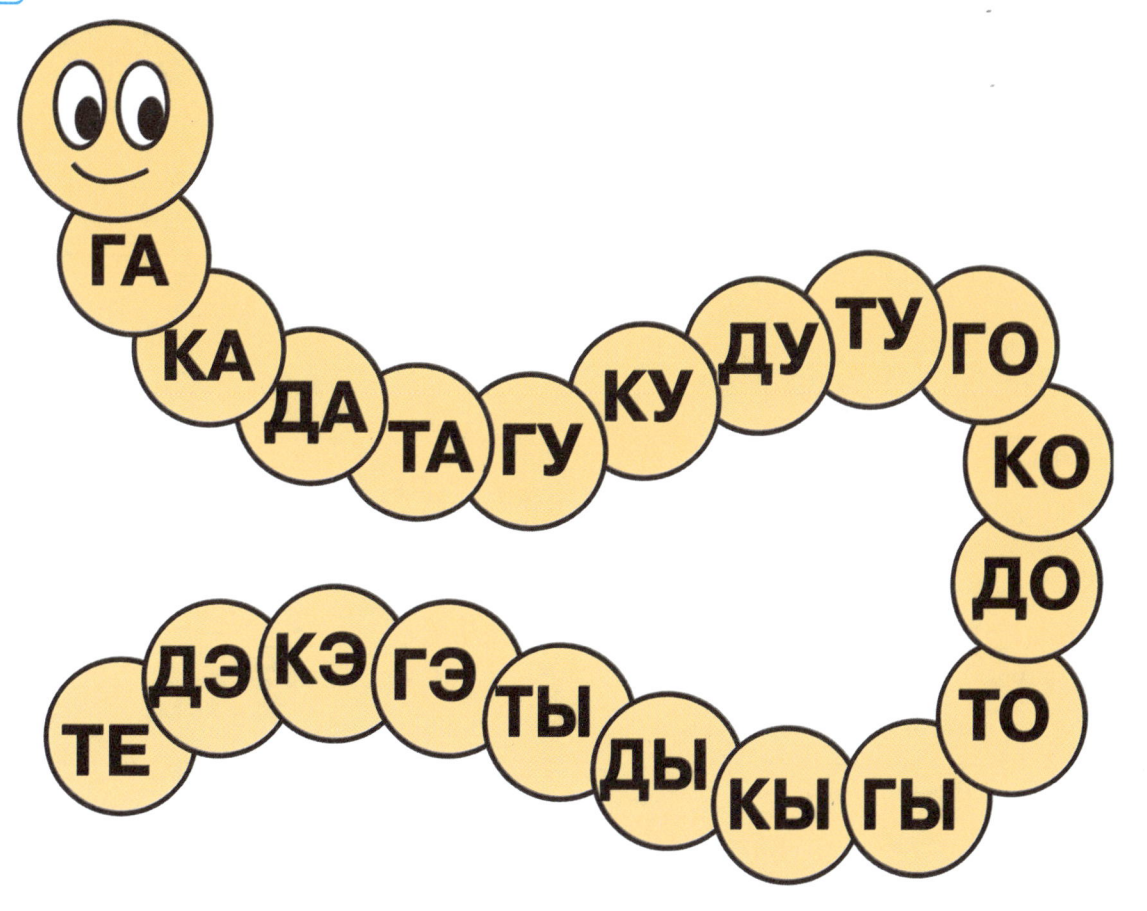

ГА КА ДА ТА ГУ КУ ДУ ТУ ГО КО ДО ТО ГЫ КЫ ДЫ ТЫ ГЭ КЭ ДЭ ТЕ

150 Изучаем звуки и буквы

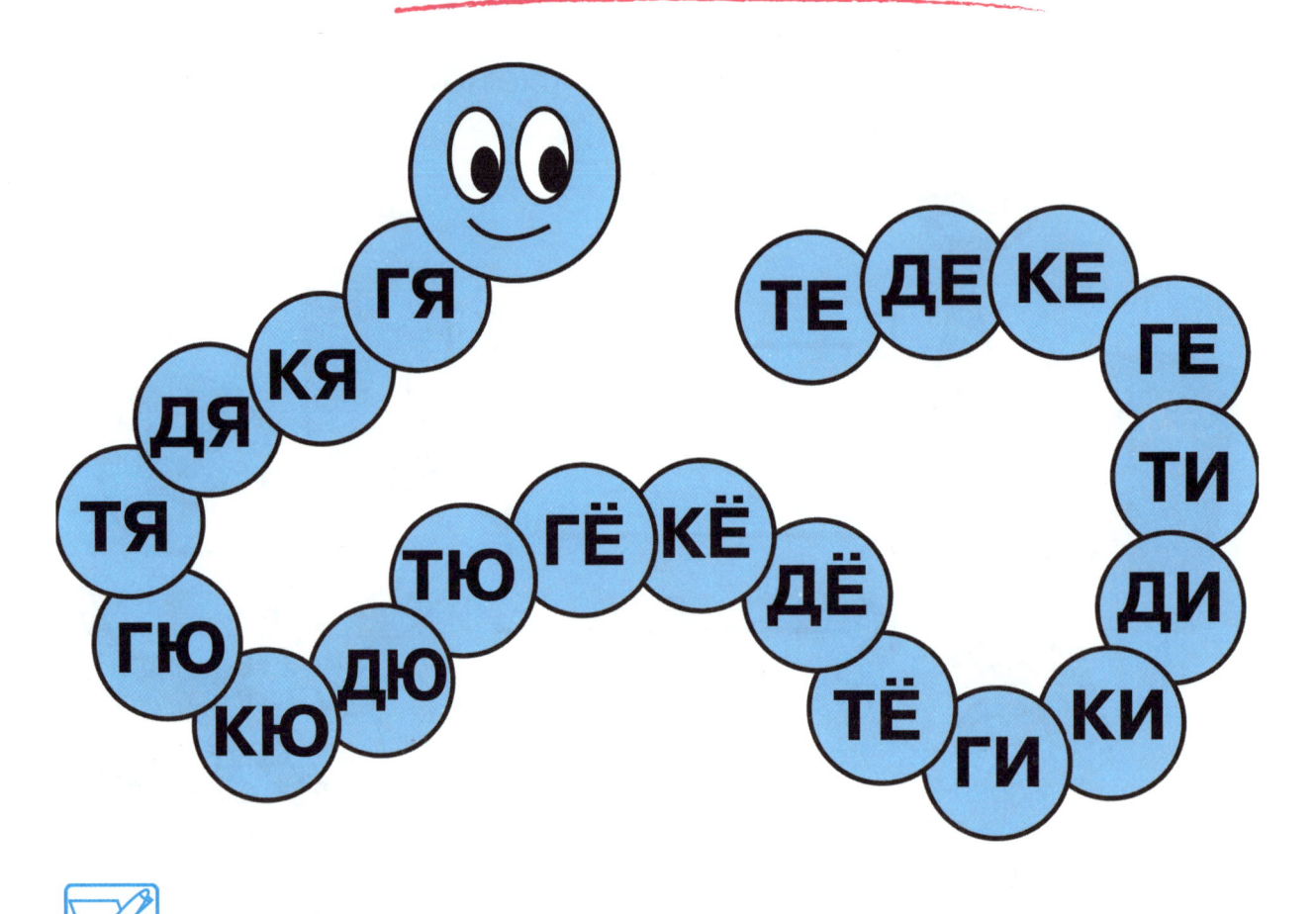

ГЯ КЯ ДЯ ТЯ ГЮ КЮ ДЮ ТЮ ГЁ КЁ ДЁ ТЁ ГИ КИ ДИ ТИ ГЕ КЕ ДЕ ТЕ

Попробуй написать карандашом их имена.

_____

_____

_____

_____

_____

_____

Занятие 24

Ж

Изучаем звуки и буквы

Родителям. Объясните ребёнку, что в случаях вида ЖО-ЖЁ слоги произносятся одинаково, а пишутся по-разному. Также ребёнку нужно рассказать, что в русском языке звук [Ж] всегда звучит твёрдо.

Обратите внимание ребёнка, что буква «Ж» — очень капризная. Она «не дружит» с некоторыми гласными буквами («Я», «Ю», «Э», «Ы»), поэтому они вместе и не пишутся. (Мы не говорим об исключениях — об этом он узнает в школе.)

Напиши букву карандашом.

Напиши карандашом и прочитай слоги.

Ж ....О

Ж ....А

Ж ....У

Занятие 24

Ж ....Ё

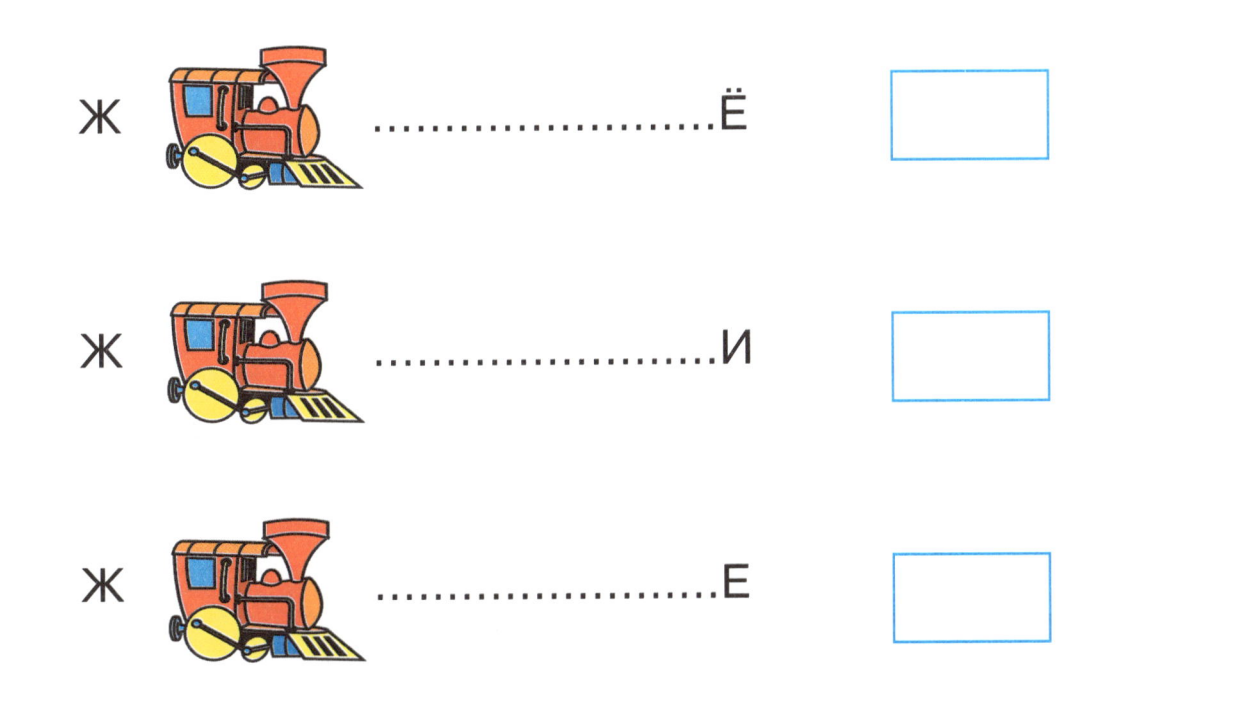

Ж ....И

Ж ....Е

Найди и обведи цветным карандашом на большом рисунке предметы и животных, названия которых начинаются с перечисленных выше слогов.

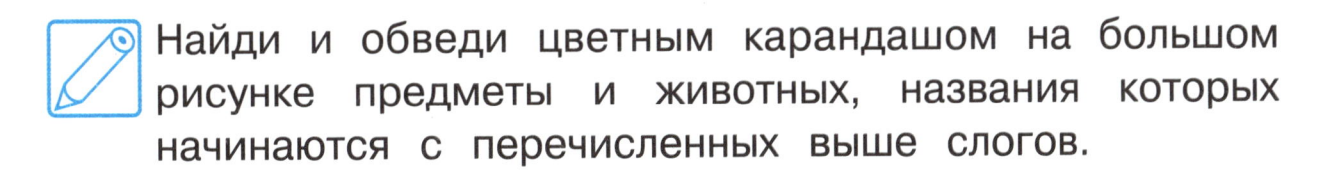

Прочитай слова и обведи в кружочек букву «Ж».

| ЖУК | ЖАР | ЖА-БА | ЖИР | ЖЕ-НЯ |

KO-ЖА   НОЖ   ЖУР-НАЛ

Занятие 25

Ш

Занятие 25

Родителям. Объясните ребёнку, что в случаях вида ШО-ШЁ слоги произносятся одинаково, а пишутся по-разному. Также ребёнку нужно рассказать, что в русском языке звук [Ш] всегда звучит твёрдо. Как и буква «Ж», буква «Ш» «не дружит» с некоторыми гласными (Ю, Я, Э, Ы) и не пишется с ними вместе. (Мы не говорим ребёнку об исключениях — об этом он узнает в школе.)

Напиши букву карандашом.

Напиши карандашом и прочитай слоги.

Ш ....О

Ш ....А

Ш ....У

Ш ....Ё

156 Изучаем звуки и буквы

Ш 🚂 ....И ☐

Ш 🚂 ....Е ☐

📖 Прочитай слова и обведи в кружочек букву «Ш». Работай карандашом.

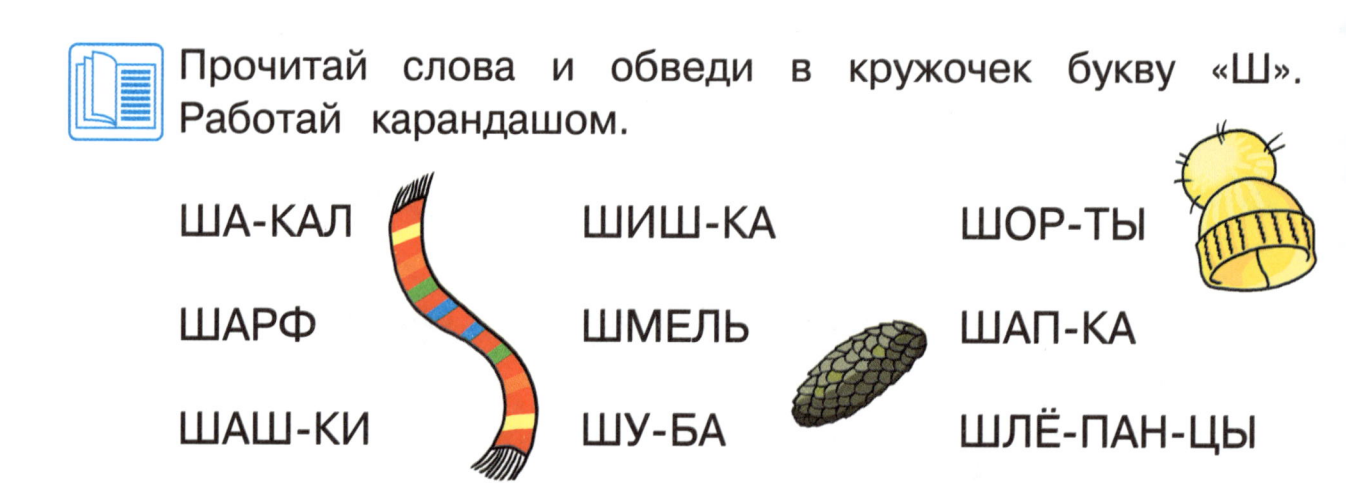

ША-КАЛ   ШИШ-КА   ШОР-ТЫ

ШАРФ   ШМЕЛЬ   ШАП-КА

ШАШ-КИ   ШУ-БА   ШЛЁ-ПАН-ЦЫ

✏️ Найди и обведи цветным карандашом на большом рисунке перечисленные выше предметы и животных.

Занятие 26

З

Изучаем звуки и буквы

📝 Напиши букву карандашом.

З З З

Родителям. Предложите ребёнку составить собственные слова с буквой «З». Они могут быть двух-трёх слогов, например: «зима», «заяц», «зонт», «коза» и т. п. Прежде чем малыш начнёт писать слово, проговорите его сначала сами по слогам и (если надо) по звукам, например: ко-за, з-о-н-т, а затем пусть также по слогам и по звукам проговорит ребёнок.

📝 Напиши карандашом и прочитай слоги.

З ....О

З ....А

З ....У

З ....Ы

З ....Э

Занятие 26

159

З ....Ё

З ....Я

З ....Ю

З ....И

З ....Е

Найди и обведи цветным карандашом на большом рисунке предметы и животных, названия которых начинаются с перечисленных выше слогов.

Прочитай.

ЗУБ   ЗАЛ   ТАЗ

МО-РОЗ   КО-ЗА   РО-ЗА   ЗА-МОК

Занятие 27

С

Занятие 27

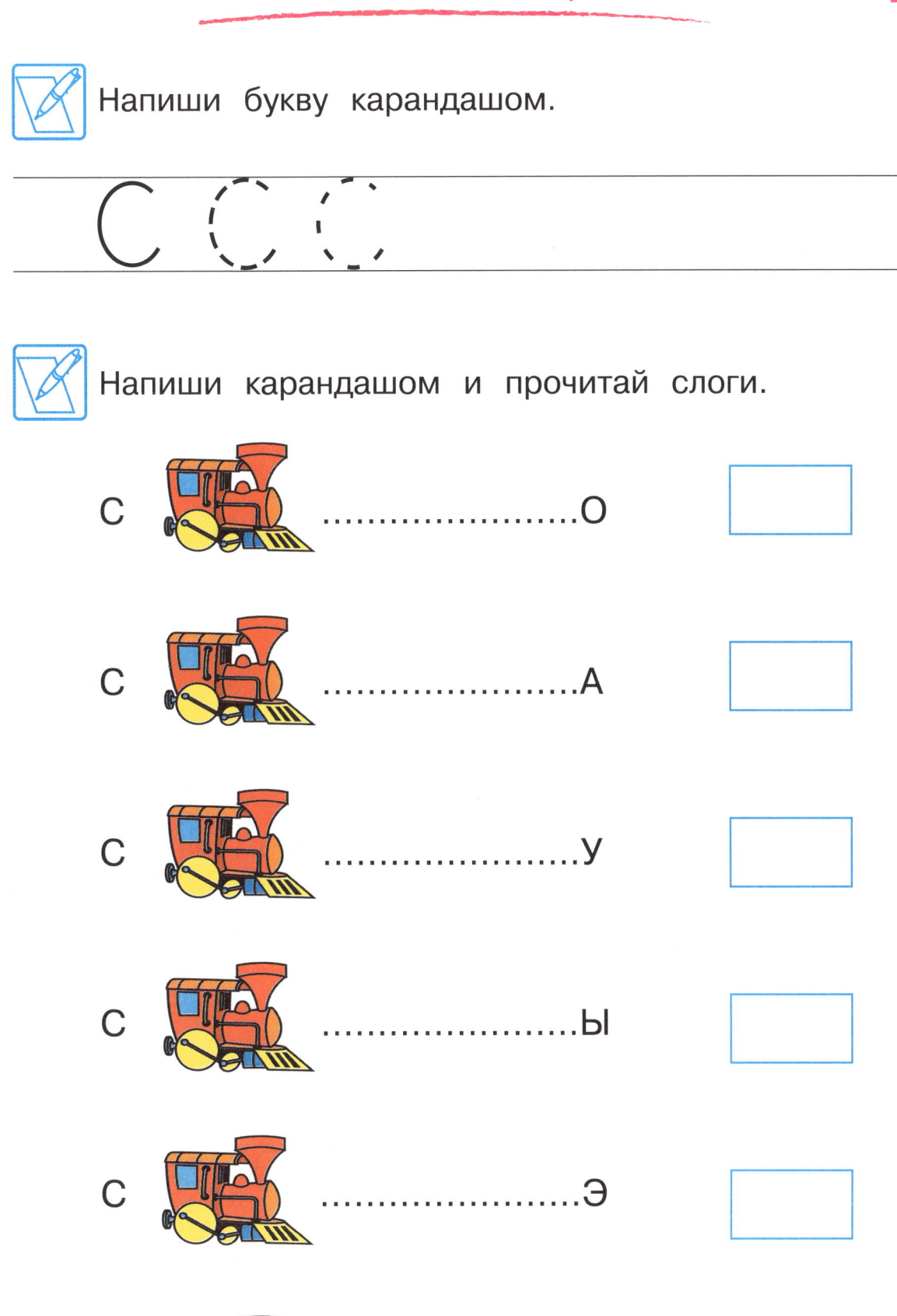

161

Напиши букву карандашом.

С С С

Напиши карандашом и прочитай слоги.

С ....О

С ....А

С ....У

С ....Ы

С ....Э

С ....Ё

162 Изучаем звуки и буквы

С ....Я

С ....Ю

С ....И

С ....Е

Найди и обведи цветным карандашом на большом рисунке предметы и животных, названия которых начинаются с перечисленных выше слогов.

Прочитай.

СОН   СЫН   ЛЕС   СУК   ПЁС

СЕ-ЛО   КО-СА   ЛИ-СА   ВО-ЛО-СЫ

Родителям. Поиграйте с ребёнком в игру «Узнай и назови звук».

Занятие 28

Родителям. Закрепите полученные знания и умения.

! Подбери слова к рисункам и соедини их линией. Работай карандашом.

САНКИ   ЗАЯЦ
ШИШКИ   ЗОНТ
ШАПКА   ЖУК
           СЛОН

Родителям. Совершенствуйте умение ребёнка читать слова из одного-двух слогов. Малыш сначала читает слово, а затем ищет рисунок и соединяет его со словом.

164 Изучаем звуки и буквы

🖊 Узнай и напиши правильно начатые, но недописанные буквы, а остальные напиши правильно на нижней строчке. Работай карандашом.

Родителям. Предложите ребёнку зачеркнуть неправильно написанные буквы, а внизу на строчке написать эту же букву, но уже правильно.

❗ Соедини слова со схемами. Работай карандашом.

Занятие 28

165

! Соедини рисунки с нужными схемами. Работай карандашом.

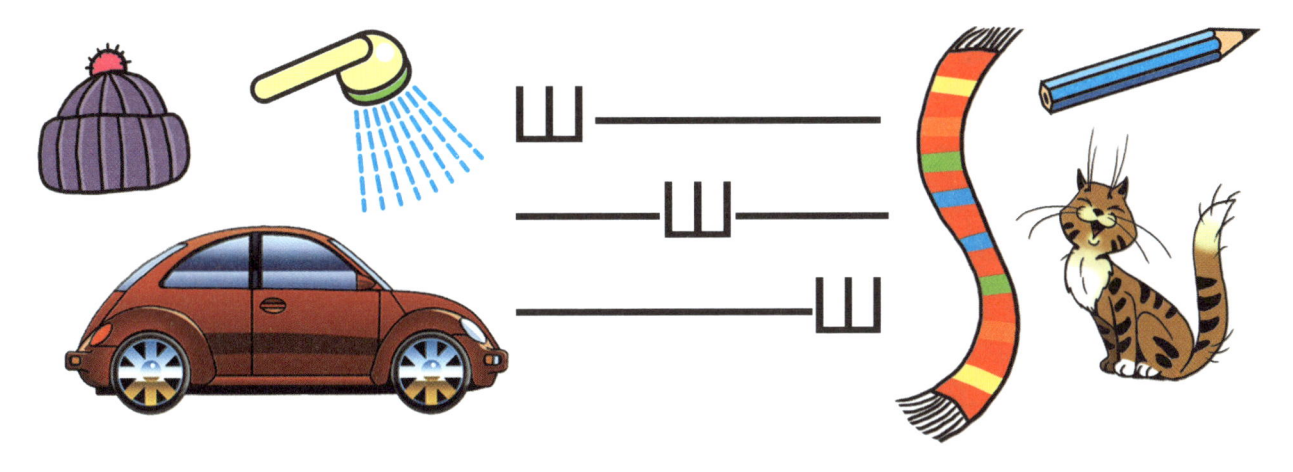

Ш———
—Ш—
———Ш

! Подбери и вставь в слова пропущенную букву: «Ж» или «Ш». Соедини картинки со словами. Работай карандашом.

У...И   САПО...КИ

ГОРО...ИНЫ   У...И

ЛО...КА   КРЫ...КА

КНИ...КА   МО...КА

Родителям. Учите малыша отличать звуки [Ж] и [Ш] в слове. Предложите ему сначала прочитать слова, а затем найти рисунок, который подойдёт к ним. Пусть ребёнок определит, какой же звук мы произносим, и допишет нужную букву.

Занятие 29

Й

ЙОД

Занятие 29

Напиши букву карандашом.

Родителям. Покажите ребёнку букву «Й». Напомните ему, что похожую букву он уже знает, она отличается от буквы «И» небольшой дужкой сверху. Скажите о том, что, хотя буква «Й» очень похожа по написанию на гласную букву «И», она все же является согласной буквой.

Напиши карандашом и прочитай слоги.

Й ....О

Й ....А

Й ....У

Й ....И

Й ....Э

168 Изучаем звуки и буквы

🖉 Найди и обведи цветным карандашом на большом рисунке человека и предметы, названия которых начинаются на букву «Й».

📖 Прочитай слова и обведи в кружочек букву «Й». Работай карандашом.

ЙОГ	ЙОД	ЙО-ГУРТ	МАЙ-КА
ЧАЙ	ЧАЙ-КА	ЗАЙ-КА	ЛАЙ-КА

Родителям. Большинству детей очень трудно вспомнить слова на «Й». Задайте ребёнку наводящие вопросы, расскажите про йогов, про их учение. Покажите ему йога на рисунке — пусть у малыша создаётся яркий образ, тогда он не будет путать эту букву с буквой «И». Пусть ребёнок убедится, что [Й] — это согласный звук и его нельзя спеть.

📖 Прочитай, что получится:

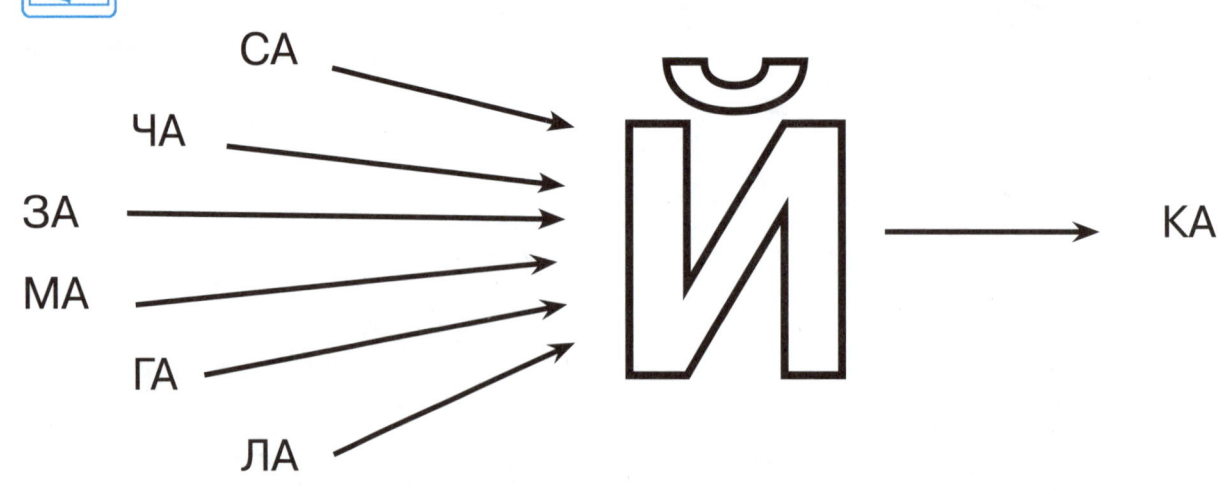

СА
ЧА
ЗА   Й → КА
МА
ГА
ЛА

Родителям. Предложите малышу прочитать слово, показывая его пальчиком. Попросите ребёнка сказать, что общего он увидел в этих словах. Общим будет: наличие в первом слоге буквы «А», третьей буквы «Й», одинакового слога в конце слова.

Занятие 30

170 Изучаем звуки и буквы

Напиши букву карандашом.

X X X

Родителям. Произнесите звук [X]. Попросите ребёнка, чтобы он повторил этот звук за вами. Скажите малышу, что звук [X] — глухой и это согласная буква.

Напиши карандашом и прочитай слоги.

X ....О

X ....А

X ....У

X ....Ы

X ....Э

X ....Ё

Занятие 30

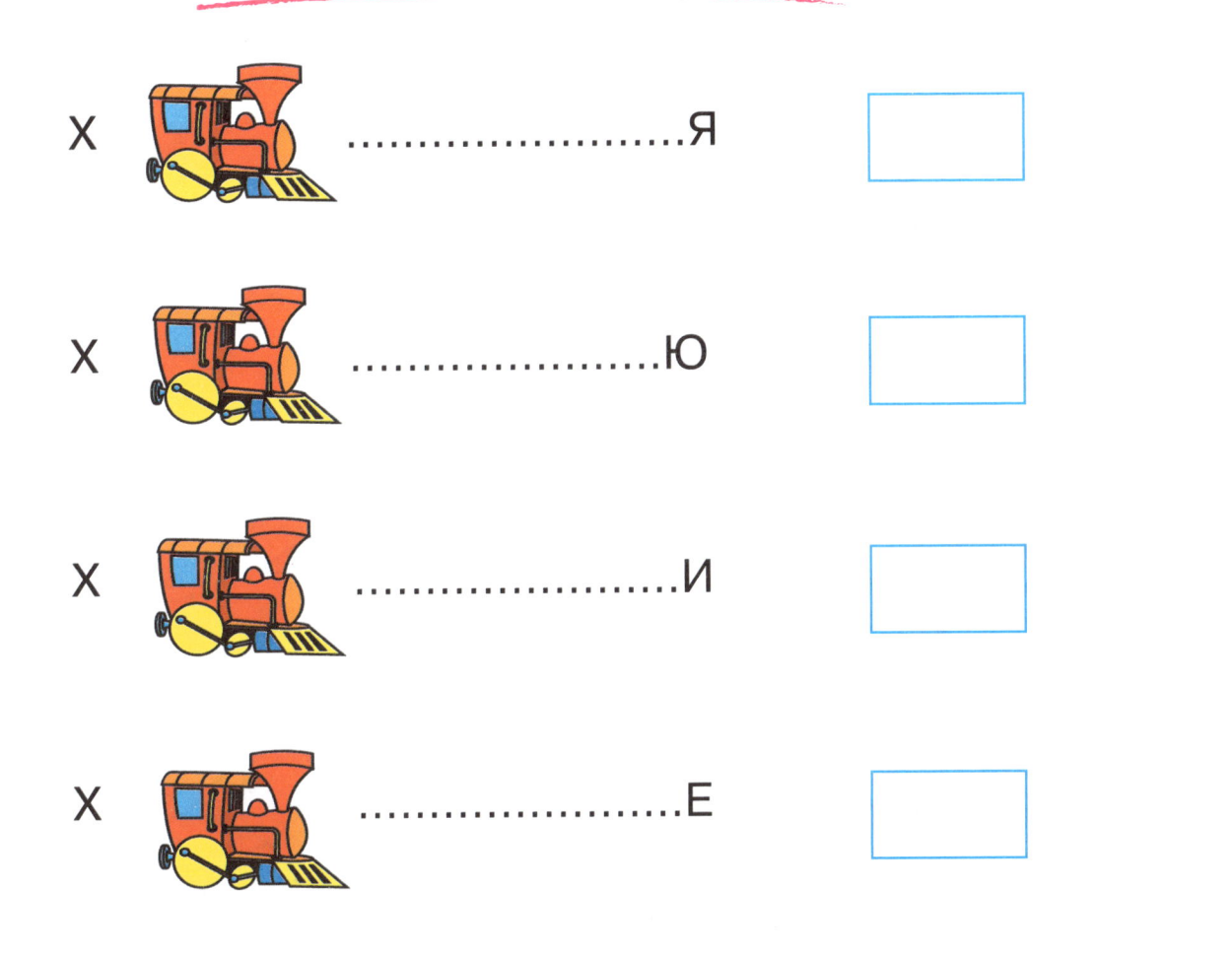

171

Х 🚂 ....Я ☐

Х 🚂 ....Ю ☐

Х 🚂 ....И ☐

Х 🚂 ....Е ☐

✏️ Найди и обведи цветным карандашом на большом рисунке всё, что начинается с перечисленных выше слогов.

📖 Прочитай.

ХОР   ХО-МЯК   ХО-БОТ   МЕХ

ХО-ЛОД   ВХОД   ХУ-ДОЖ-НИК

Родителям. Читайте слова до слова «художник». Обратите внимание ребёнка на то, что в словах согласные буквы иногда пишутся рядом, но читать их надо с ближайшей гласной буквой. Теперь можно прочитать слово «художник».

Занятие 31

Ц

Занятие 31

Напиши букву карандашом.

Родителям. Объясните ребёнку, что звук [Ц] всегда звучит твёрдо. И так же, как и буквы «Ш», «Ж», «не дружит» с некоторыми гласными буквами — «Ё», «Я», «Ю», «Э». (Мы не говорим ребёнку об исключениях — об этом он узнает в школе.)

Напиши карандашом и прочитай слоги.

Ц ....О

Ц ....А

Ц ....У

Ц ....Ы

174 Изучаем звуки и буквы

Ц ....И

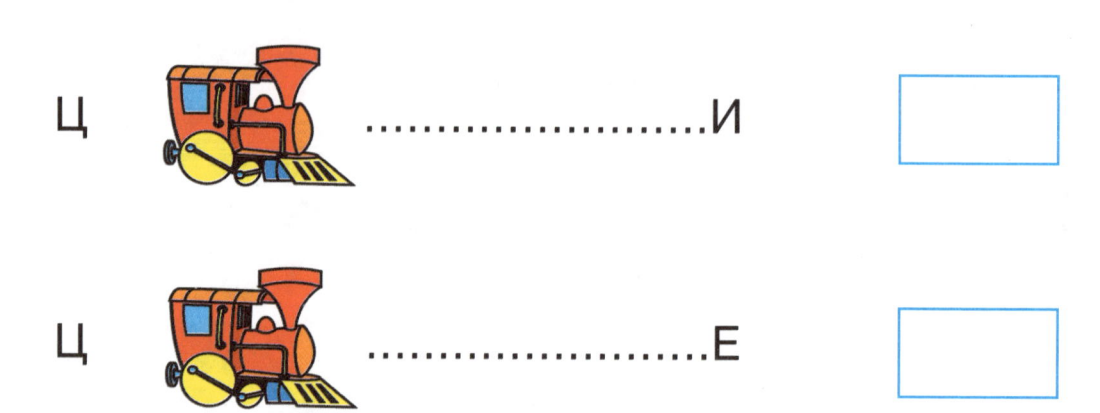

Ц ....Е

Найди и обведи цветным карандашом на большом рисунке предметы и животных, названия которых начинаются с перечисленных выше слогов.

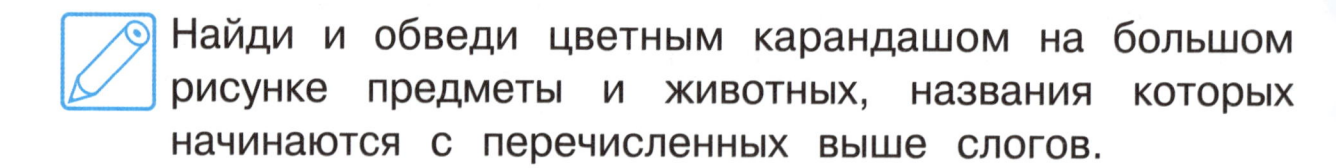

Прочитай слова и обведи в кружочек букву «Ц». Работай карандашом.

| ЦАП-ЛЯ | ЦЕ-НА | ЦЫП-ЛЁ-НОК |
| ЦИФ-РЫ | ЦВЕ-ТЫ | ЦИРК |

Родителям. Поиграйте в звукоподражание, используя слова с буквой «Ц». Можно поцокать как лошадка — «цок, цок, цок»; позвать цыплят: «цып-цып-цып».

Занятие 32

Ч

176 Изучаем звуки и буквы

Напиши букву карандашом.

Родителям. Объясните малышу, что звук [Ч] всегда мягкий. И так же, как и некоторые другие буквы, «не дружит» с некоторыми гласными буквами «Ы», «Я», «Ю», «Э». (Мы не говорим ребёнку об исключениях — об этом он узнает в школе).

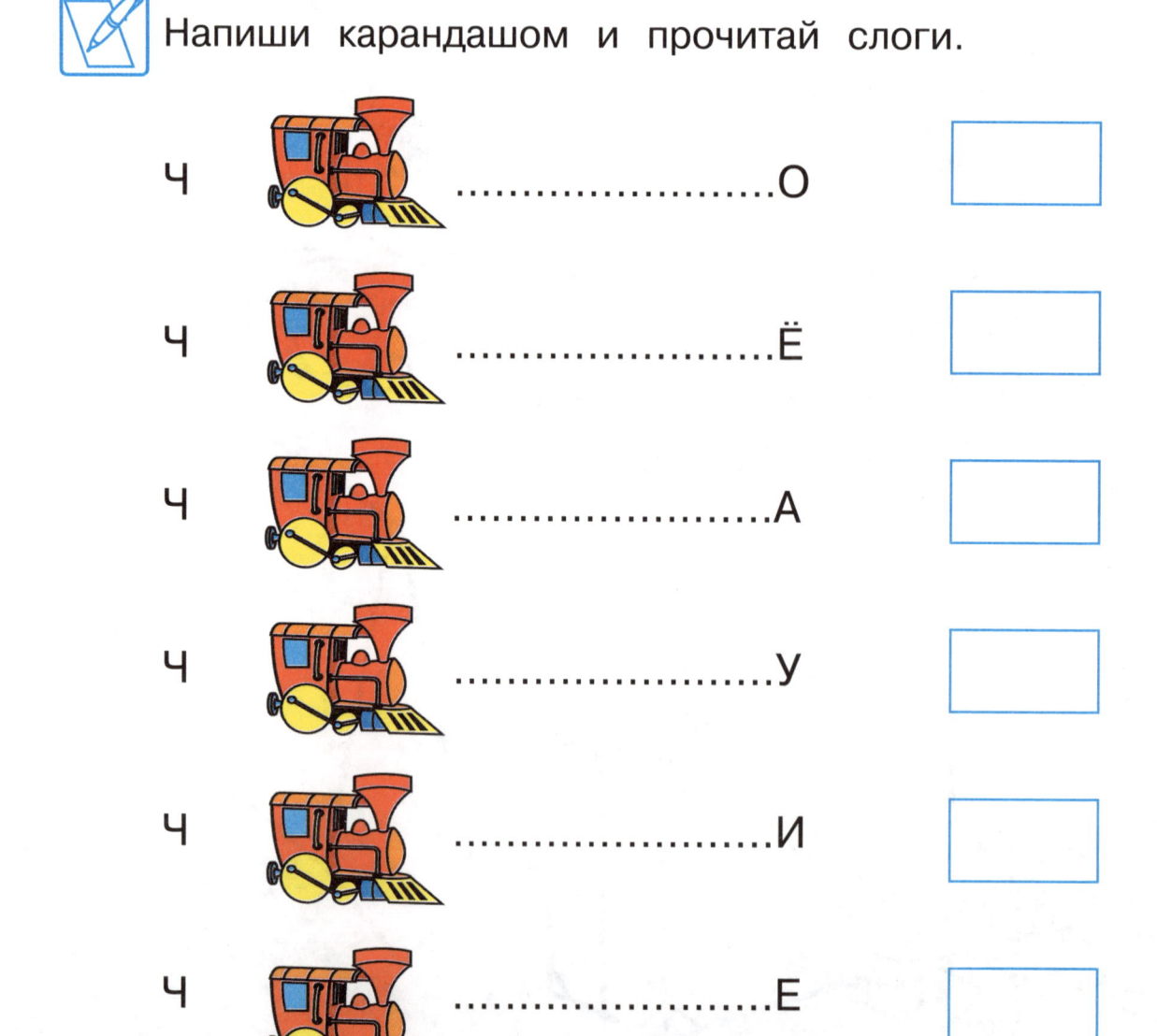

Напиши карандашом и прочитай слоги.

Ч ....О

Ч ....Ё

Ч ....А

Ч ....У

Ч ....И

Ч ....Е

Занятие 32

✏️ Найди и обведи цветным карандашом на большом рисунке предметы и животных, названия которых начинаются с перечисленных выше слогов.

❗ Прочитай слова. Обведи в кружок букву «Ч».

ЧАЙ   ЧЕ-РЕ-ПА-ХА   ЧЕ-МО-ДАН

ЧАС   ЧАЙ-КА   ЧАШ-КА

ЧЕ-БУ-РАШ-КА

Родителям. Предложите малышу составить из кубиков или написать любое из слов, предложенных в задании ❗, или любое другое слово с буквой «Ч». При этом спросите малыша, где стоит буква — в начале, конце или середине слова. Попросите его прочитать только слог с буквой «Ч». Если ребёнок хорошо усвоил букву, то есть видит, пишет, узнаёт её, поиграйте с ним: «Я сейчас назову слово, а ты мне скажешь, где спрятался звук»; «Назови словечко, чтобы оно начиналось (заканчивалось) на букву «Ч»» и т. п.

Занятие 33

ЩЦ

Занятие 33

📝 Напиши букву карандашом.

Родителям. Объясните малышу, что звук [Щ] всегда мягкий. И так же, как и некоторые другие буквы, «не дружит» с некоторыми гласными буквами («Ы», «Я», «Ю», «Э»).

📝 Напиши карандашом и прочитай слоги.

Щ ....О

Щ ....У

Щ ....А

Щ ....Ё

Щ ....И

Щ ....Е

180 Изучаем звуки и буквы

Найди и обведи цветным карандашом на большом рисунке предметы и животных, названия которых начинаются с перечисленных выше слогов.

Прочитай слова и обведи в кружок букву «Щ».

ЩЕ-НОК   ЩУ-КА   ЩЁТ-КА

ЩЕ-КА   ПЛАЩ

ПРИ-ЩЕП-КИ   ЛЕЩ

Родителям. Предложите малышу составить из кубиков или написать любое из слов, предложенных в задании, или любое другое слово с буквой «Щ». При этом спросите малыша, где стоит буква — в начале, конце или середине слова. Попросите его прочитать только слог с буквой «Щ». Если ребёнок хорошо усвоил букву, то есть видит, пишет, узнаёт её, поиграйте с ним: «Я сейчас назову слово, а ты мне скажешь, где спрятался звук»; «Назови словечко, чтобы оно начиналось (заканчивалось) на букву «Щ»» и т. п.

Занятие 34

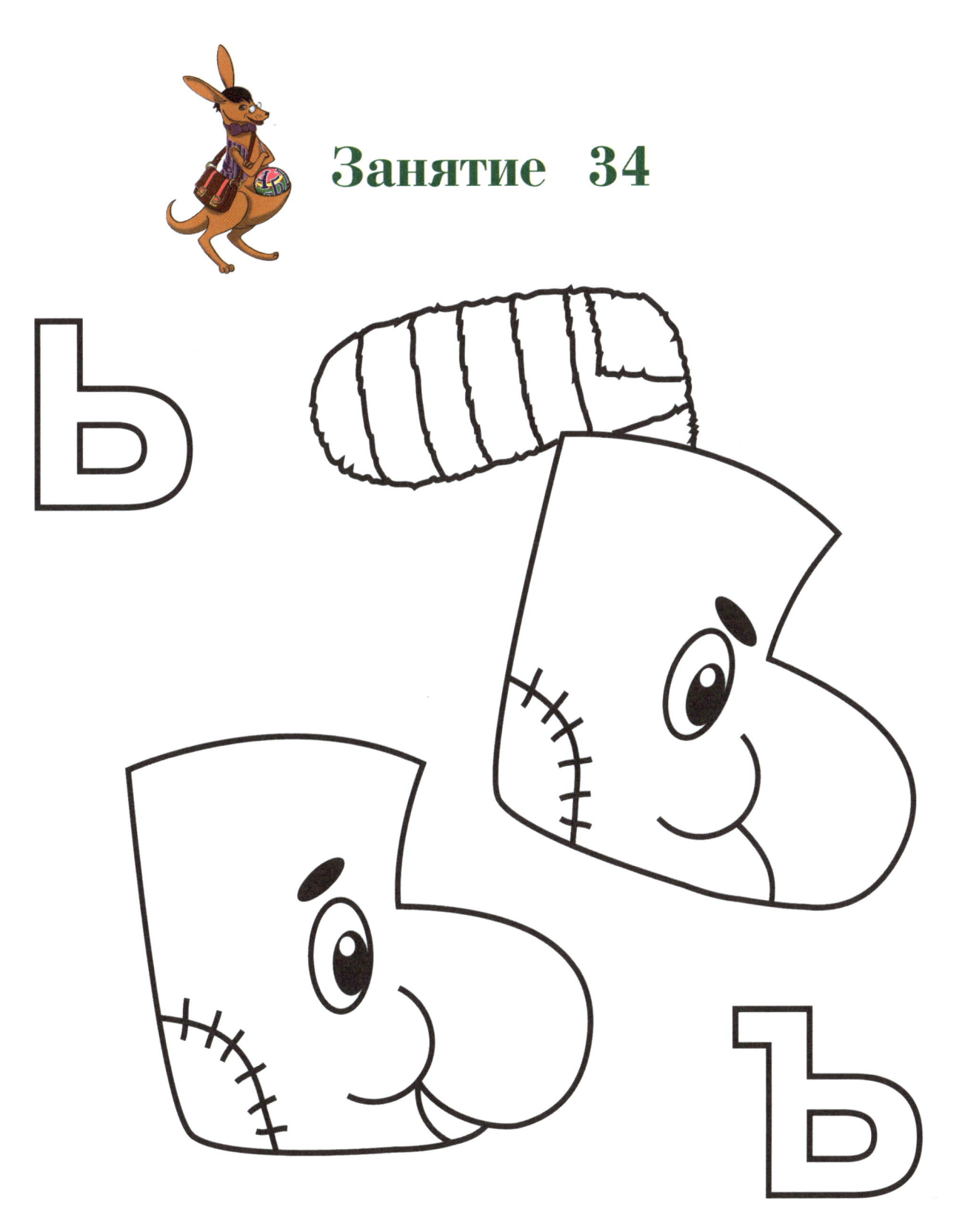

Родителям. Объясните малышу, что сегодня он познакомится с очень необычными, совсем не похожими на другие буквами, которые зовутся «мягкий знак» (Ь) и «твёрдый знак» (Ъ). Они необычны тем, что их можно написать, увидеть, а вот звука у них нет.

182 Изучаем звуки и буквы

Напиши карандашом мягкий знак.

Ь Ь Ь

Напиши карандашом твёрдый знак.

Ъ Ъ Ъ

Прочитай.

М — МЬ   Н — НЬ   Р — РЬ   В — ВЬ
Д — ДЬ   З — ЗЬ   Ф — ФЬ   Т — ТЬ
ВИ — ВЬИ   ОЛ — ОЛЬ   УН — УНЬ

Родителям. Объясните, что мягкий знак только смягчает предыдущий звук. Предложите малышу почувствовать это, прочитав слоги из задания.

Прочитай слова и обведи в кружочек мягкий знак.

КОНЬ   АЛЬ-БОМ   О-ГОНЬ
ПИСЬ-МО   БОЛЬ   КОНЬ-КИ
ДЕНЬ-ГИ   У-ГОЛЬ   СОЛЬ

Родителям. Предложите малышу прочитать слова из задания сначала с мягким знаком, а затем без него. Слова меняются и могут превращаться в совершенно другие по значению слова, например: уголь — угол.

Занятие 34

📖 Прочитай.

В — ВЪ	ВЪ — Е
Б — БЪ	ОБЪ — Е
Д — ДЪ	ПОДЪ — Е

Родителям. Объясните ребёнку, что буквы «В» — «ВЪ» произносятся твёрдо и звучат очень похоже, но в словах после «Ъ» нужно делать маленькую остановку. Прочитайте ребёнку слоги так, чтобы он понял, что «Ъ» — как будто ступенька в слове, о которую нужно споткнуться. Пример: ВЪ-Е-ХАЛ, СЪ-ЕЛ.

📖 Прочитай слова и обведи в кружочек твёрдый знак. Работай карандашом.

ОБЪ-ЁМ   СЪЕЛ   ОБЪ-ЯВ-ЛЕ-НИЕ

ПОДЪ-ЕЗД   ОБЪ-ЕКТ   ВЪЕЗД

Родителям. Предложите малышу прочитать слова из задания сначала с твёрдым знаком, а затем без него. Слова меняются и могут превращаться в совершенно другие по значению слова, например: съел — сел.

184 Изучаем звуки и буквы

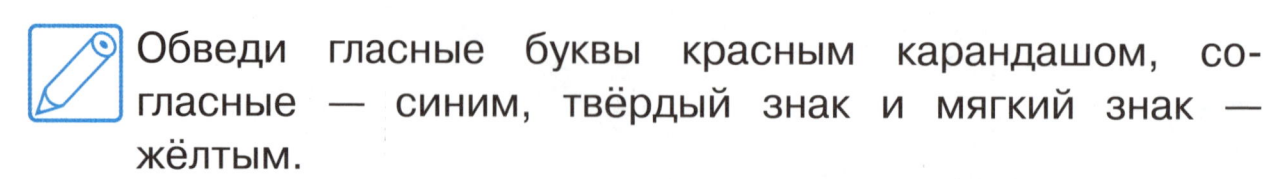

✏️ Обведи гласные буквы красным карандашом, согласные — синим, твёрдый знак и мягкий знак — жёлтым.

А Б В Г Д
Е Ё Ж З И
Й К Л М Н
О П Р С Т
У Ф Х Ц Ч
Ш Щ Ъ Ы
Ь Э Ю Я

Готовим руку к письму

Занятие 1

🖐 Сожми пальцы в кулак, затем поочерёдно отгибай каждый палец. Сделай так пять раз.

Этот пальчик — дедушка,
Этот пальчик — бабушка,
Этот пальчик — папочка,
Этот пальчик — мамочка,
Этот пальчик — наш малыш.

🖐 Проведи указательным пальцем по линиям.

✏ Затем проведи карандашом по линиям.

✳ Возьми проволоку, сожми её в кулаке.
А теперь выпрями проволоку.

Занятие 1

✏️ Нарисуй одну линию вместе со взрослым, а затем продолжай рисовать линии самостоятельно. Работай карандашом.

- - - - - - - - - - - - - - - -

- - - - - - - - - - - - - - - -

- - - - - - - - - - - - - - - -

- - - - - - - - - - - - - - - -

ЗАПОМНИ!

Это клетка. У неё четыре стороны. Запомни их!

ВЕРХНЯЯ

ЛЕВАЯ ☐ **ПРАВАЯ**

НИЖНЯЯ

✏️ Обведи стороны клетки: верхнюю — красным карандашом, нижнюю — зелёным, левую — синим, правую — жёлтым. Рядом нарисуй по точкам такую же клетку. Работай карандашом.

✱ Из палочек построй клетку.

Занятие 2

Подними кисти правой и левой руки. Поочерёдно сгибай пальцы в кулачок, начиная с большого.

Раз — два — три — четыре — пять!
Будем пальчики считать —
Крепкие, дружные,
Все такие нужные.

Проведи указательным пальцем по дугам.

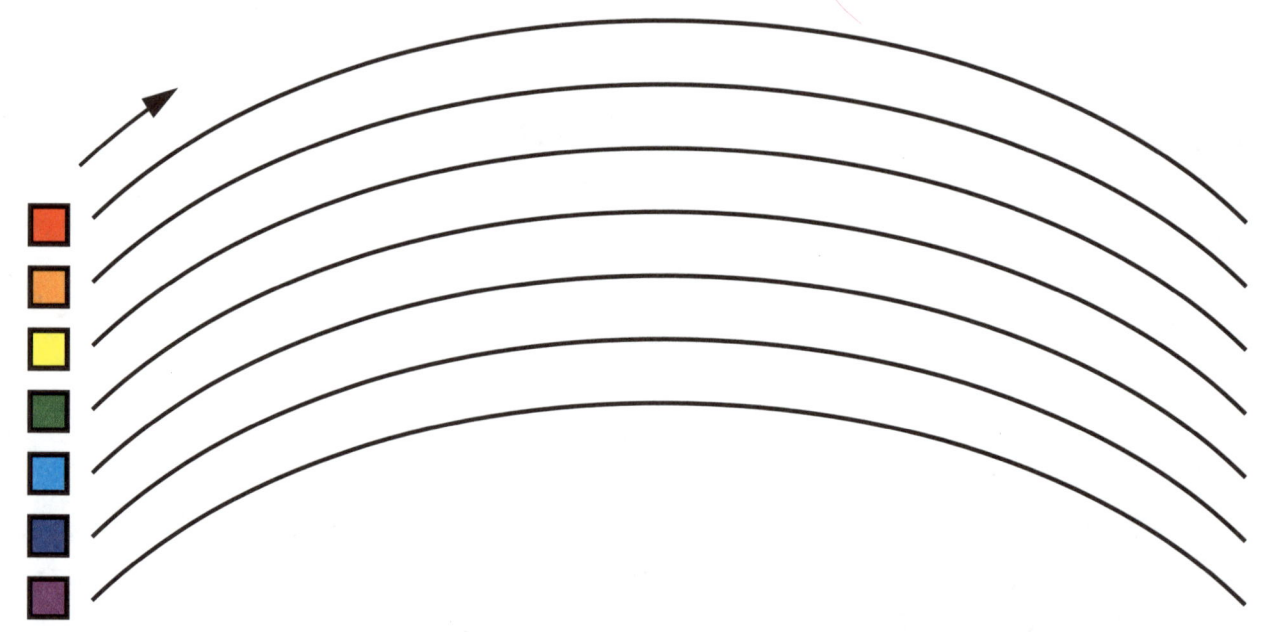

Возьми цветные карандаши и раскрась радугу.

Занятие 2

Возьми в руки кусочек пластилина. Согрей его. Скатай жгутик.

Проведи карандашом первую линию вместе со взрослым. А затем продолжи рисовать линии самостоятельно, не отрывая карандаш от бумаги.

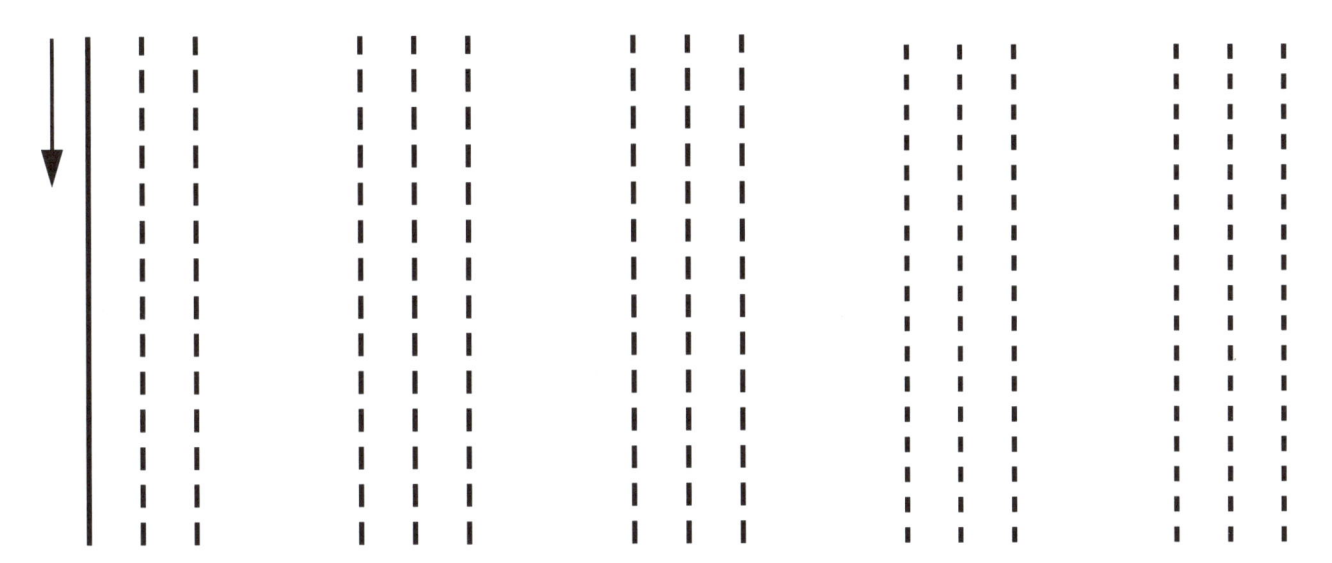

Дорисуй лучи у солнца. Карандаш какого цвета ты возьмёшь?

Готовим руку к письму

Проведи линию в середине дорожки, не отрывая карандаш от бумаги.

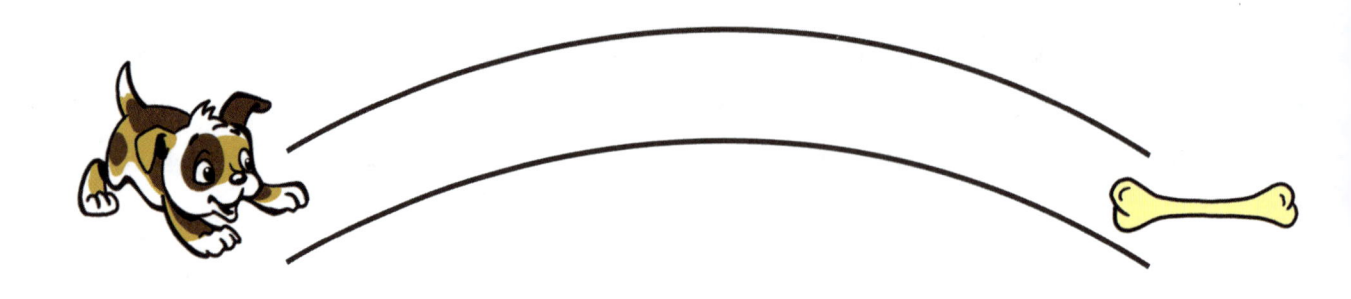

У клетки есть четыре угла. Поставь карандашом точки в углах:

    в левом нижнем — красным карандашом,
    в левом верхнем — зелёным карандашом,
    в правом верхнем — жёлтым карандашом,
    в правом нижнем — синим карандашом.

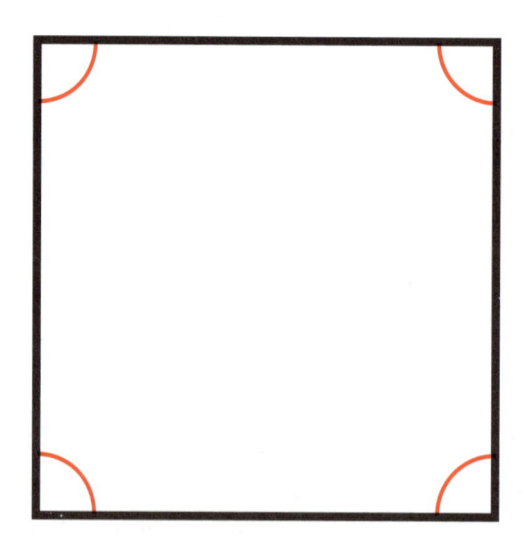

Занятие 3

Поочерёдно разгибай все пальцы, начиная с мизинца, затем сгибай их в том же порядке.

Раз — два — три — четыре — пять —
Вышли пальчики гулять.
Раз — два — три — четыре — пять —
В домик спрятались опять.

Проведи указательным пальцем по линиям.

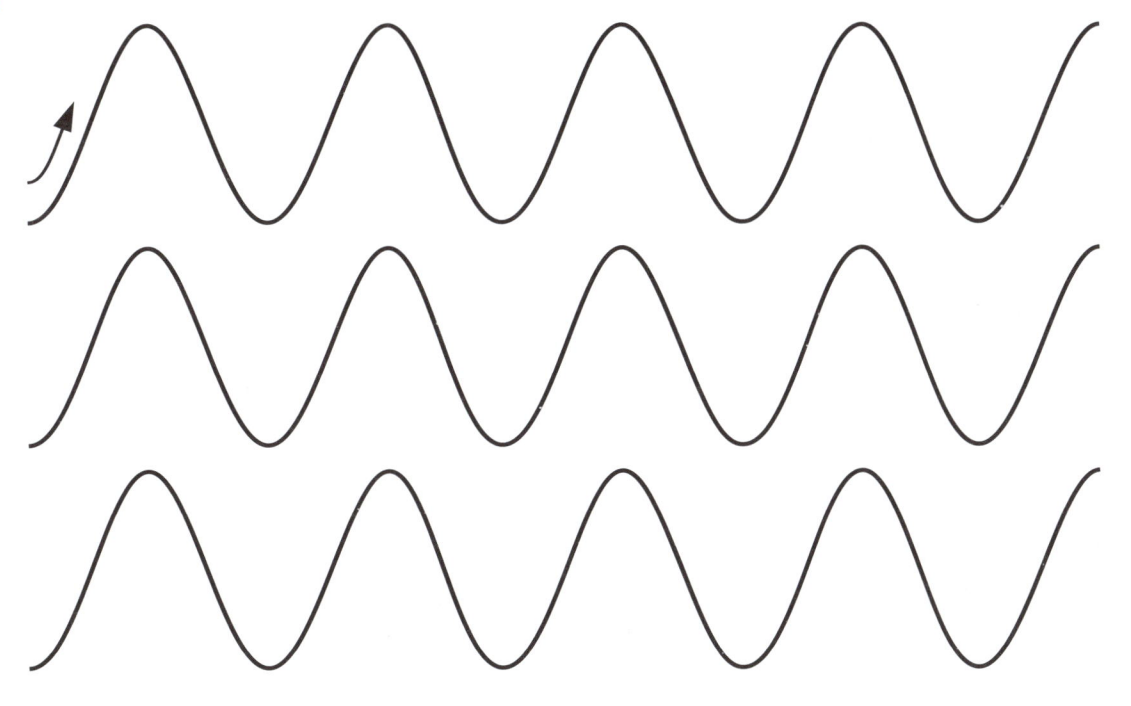

Возьми цветные карандаши, верхнюю линию закрась голубым карандашом, вторую — синим, третью — фиолетовым. Что получилось?

Готовим руку к письму

Родителям. Возьмите шнурок, положите его зигзагом и предложите ребёнку «перепрыгнуть» каждым пальцем через изгибы.

Обведи карандашом первую линию вместе со взрослым. Остальные линии обводи самостоятельно.

Проведи линию посередине дорожки, не отрывая карандаш от бумаги.

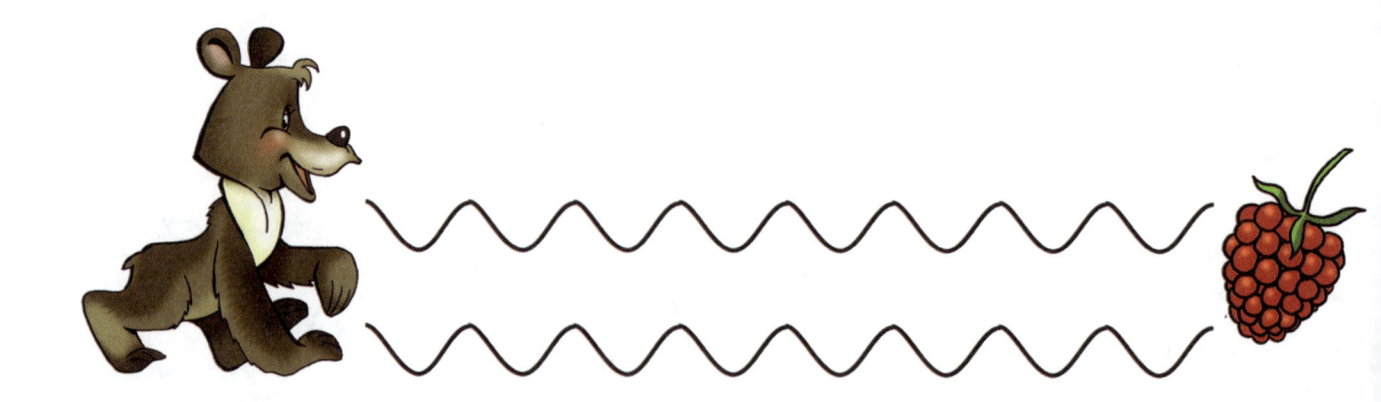

Занятие 3

193

Нарисуй карандашом волны под корабликом.

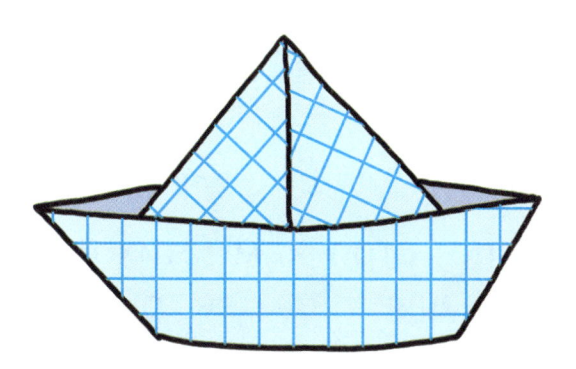

Дорисуй шляпки мухоморов. Используй цветные карандаши.

Занятие 4

Проговаривай по строчкам стихотворение и выполняй гимнастику для пальцев рук.

Наша Маша варила кашу.
Кашу сварила, малышей кормила:
(Чертить пальцем круги по ладошке.)

Этому дала,
Этому дала,
Этому дала,
Этому дала,
(Загибать пальцы, начиная с большого, с проговариванием.)

А этому не дала.
Он много шалил.
Свою тарелку разбил.
(Мизинец не загибать с проговариванием.)

Возьми цветные карандаши и раскрась облако. Обведи первую линию дождя вместе со взрослым. Остальные линии обводи самостоятельно.

Занятие 4

195

* Из пластилина скатай несколько жгутиков и соедини их вместе.

* Проведи линию посередине дорожки, не отрывая карандаш от бумаги.

* Дорисуй карандашом ёлки по образцу.

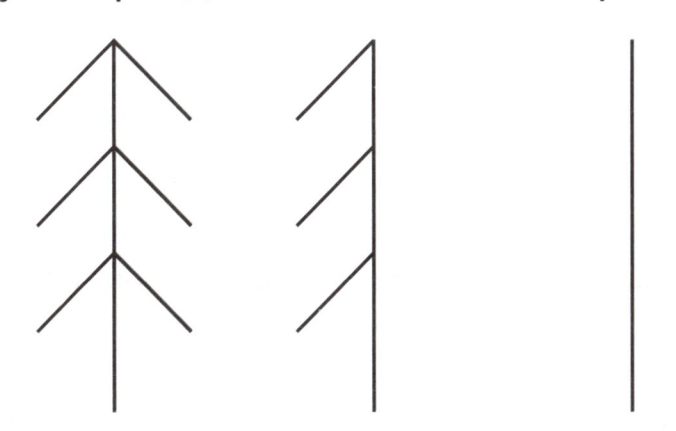

* С помощью точек сделай платья в цветной горошек. Используй цветные карандаши.

Занятие 5

Познакомься с названиями пальцев.

Большой палец встал один,
Указательный за ним.
Средний, после безымянный,
А за ним мизинчик малый.
Встали братцы все:
— Ура!
На работу нам пора.

Родителям. Пусть ребёнок сожмёт пальцы в кулачок. Поочерёдно разгибает их, начиная с большого. Затем широко расставит пальцы в стороны.

Родителям. Дайте ребёнку в руки ножницы, покажите, как их держать. Порежьте вместе с ребёнком лист бумаги на мелкие кусочки.

Обведи контуры гриба и цветка указательным пальчиком.

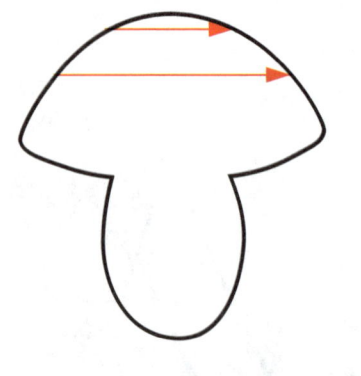

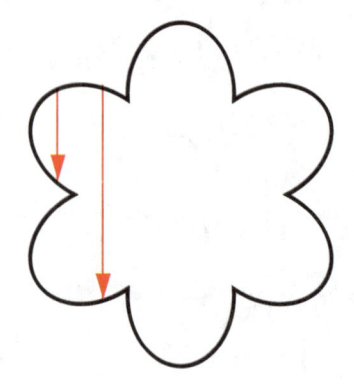

Заштрихуй вместе со взрослым грибок. Цветок заштрихуй самостоятельно. Соблюдай одинаковое расстояние между линиями. Работай карандашом.

Занятие 5

197

? Какая рыба быстрее доплывёт до червяка? Проведи пальцем линию посередине дорожек. А теперь проведи линии карандашом.

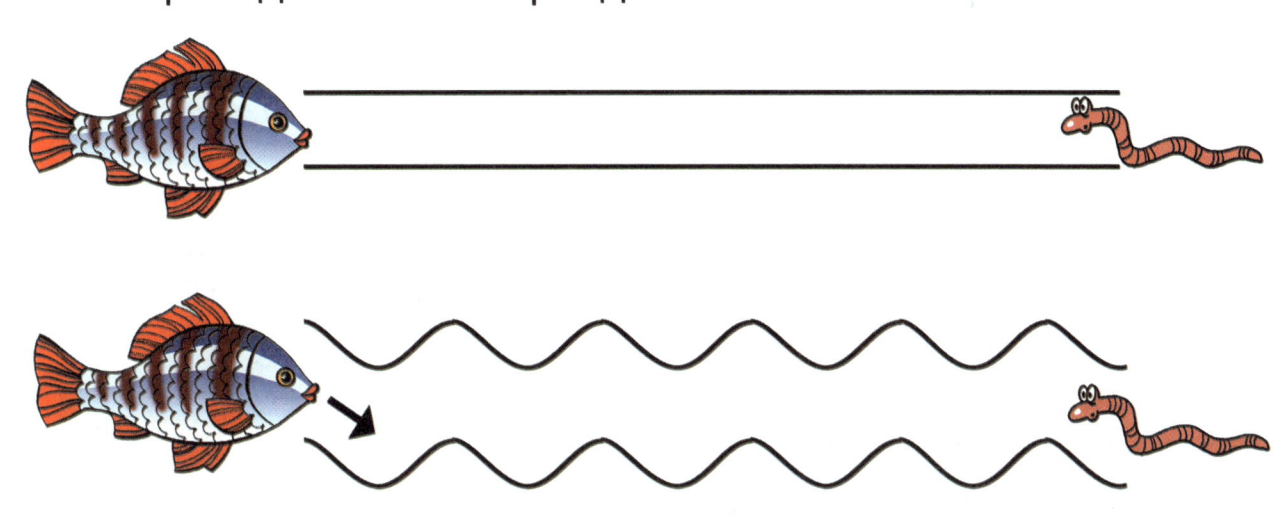

Дорисуй человечку волосы по образцу. Используй цветные карандаши.

Впиши карандашом линии в клетки в указанном порядке.

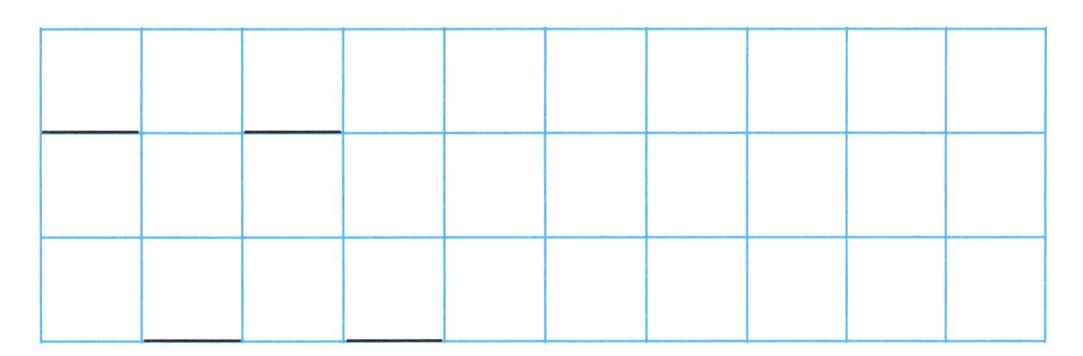

Занятие 6

Выполни гимнастику для пальцев рук. Одновременно проговаривай слова стихотворения (потешки).

Этот пальчик хочет спать,
Этот пальчик — прыг в кровать,
Этот пальчик прикорнул,
Этот пальчик уж заснул.
Просыпайтесь, лежебоки,
В детский сад идти пора!
Встали пальчики:
— Ура!
— В детский сад идти пора!

Родителям. Пусть малыш поочерёдно пригибает каждый палец к ладошке, начиная с мизинца. Затем кулачок можно разжать, широко расставив пальцы в стороны.

Найди выход из лабиринта. Поставь карандаш в центр лабиринта и веди линию, не отрывая карандаш от бумаги.

Занятие 6

199

❋ Возьми кусочек пластилина и скатай из него пять шариков.

✋ Обведи круги указательным пальцем.

✏️ Возьми цветные карандаши и нарисуй пламя у свечей тёмно-красным. Круги от пламени — красным, оранжевым, большой круг — жёлтым цветом.

✏️ Попади мячом и сбей палочку, проведя линию карандашом.

200 Готовим руку к письму

Обведи вместе со взрослым пунктирные линии и раскрась рисунки цветными карандашами.

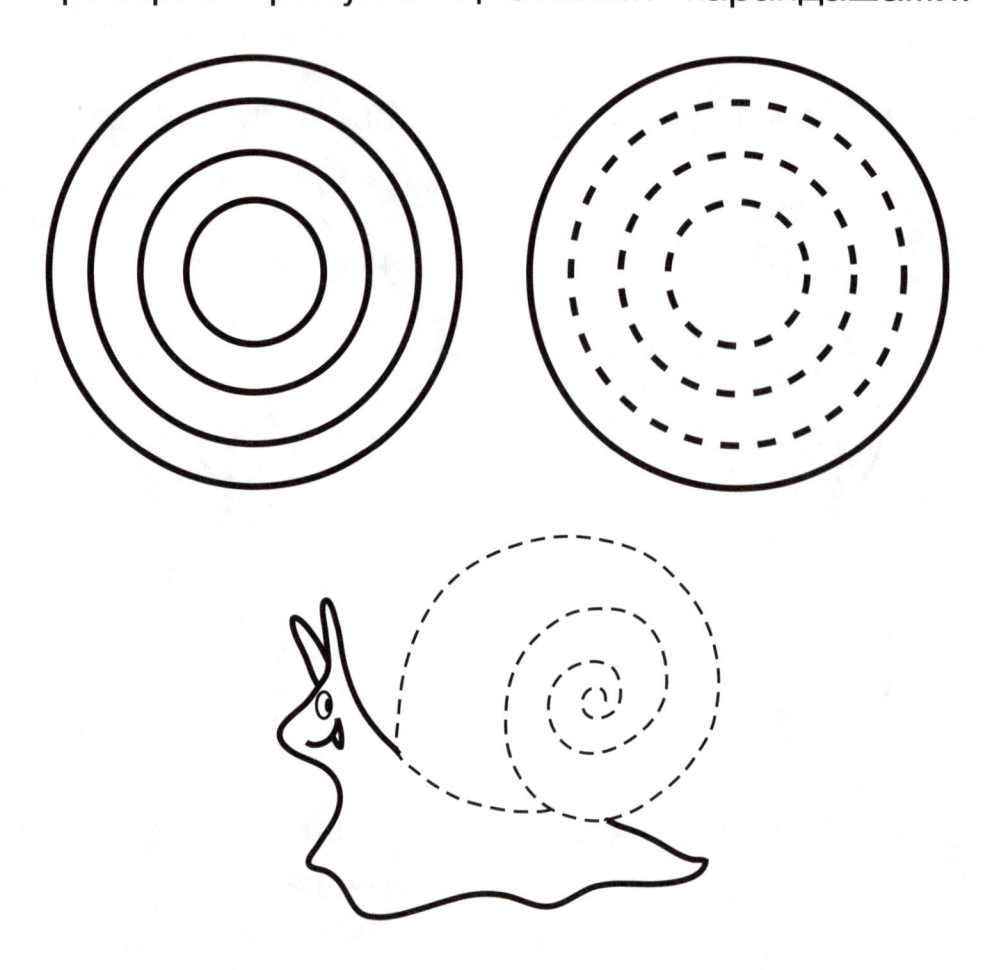

Впиши линии в клетки. Работай карандашом.

Занятие 7

Выполни упражнение для пальцев «Кто быстрее побежит» с проговариванием строчек.

«Топ-топ-топ!» — топают ножки.
Мальчик ходит по дорожке.

Родителям. Следите за тем, чтобы правая и левая рука ребёнка, перебирая пальцами по столу, старались обогнать друг друга.

«Запутайте» шнурком два пальца ребёнка и предложите ему их распутать.

Обведи указательным пальцем круги светофора.

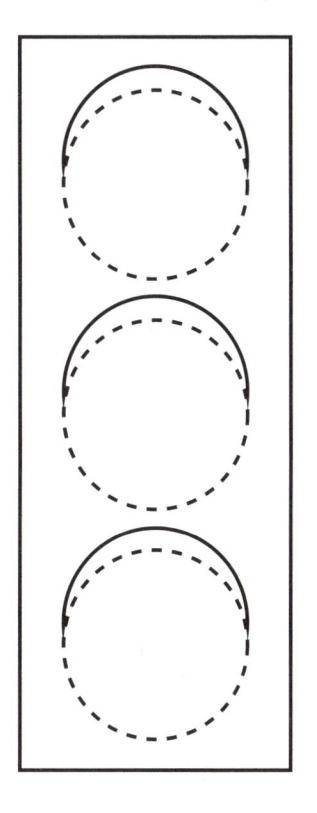

Готовим руку к письму

Возьми карандаш и обведи круги светофора. Раскрась круги светофора цветными карандашами. Почему у светофора загораются разные огни?

Нырни (карандашом) в воду с дощечки и выплыви точно в спасательный круг.

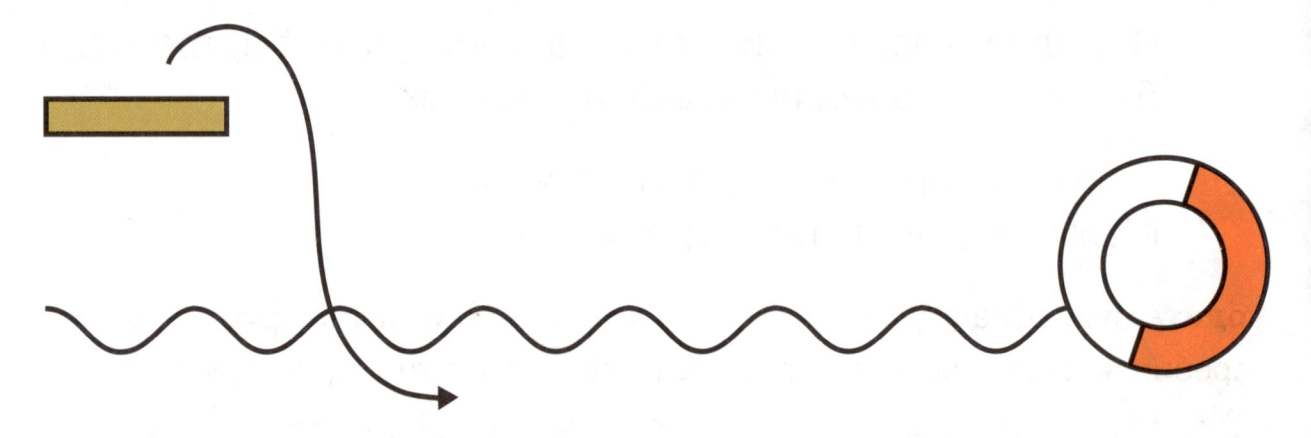

Заштрихуй деревья по образцу. Направление штриховки показано стрелкой.

Занятие 7

203

Дорисуй воздушные шары разноцветными карандашами.

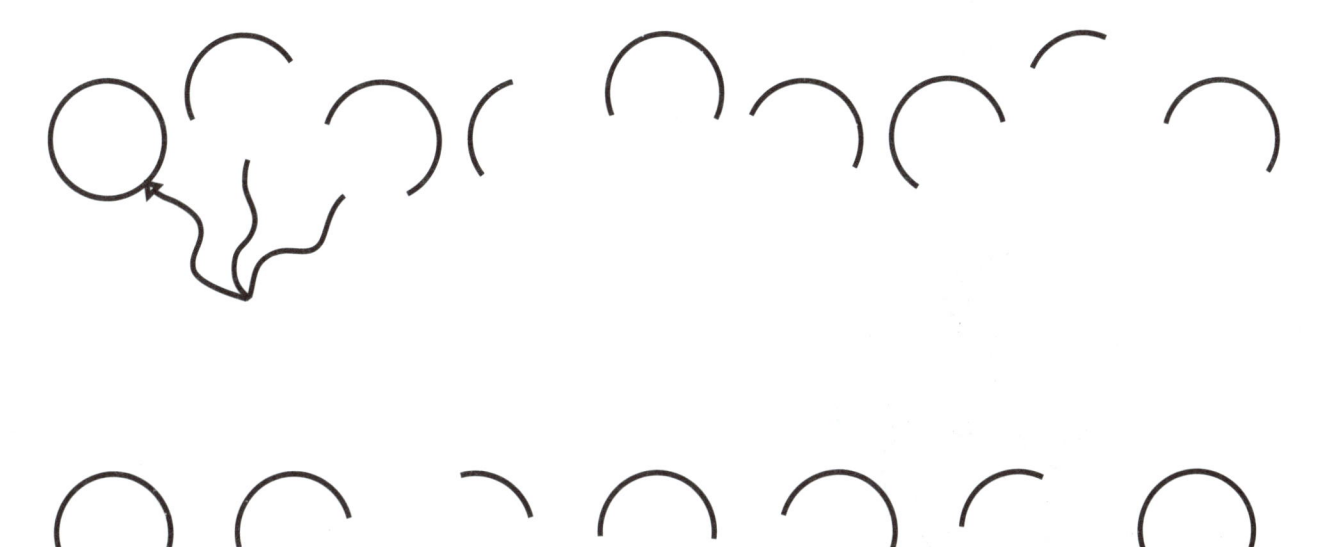

Впиши линии в клетки. Работай карандашом.

Занятие 8

🖐 Обведи указательным пальцем мыльные пузыри.

✏️ Раскрась мыльные пузыри цветными карандашами.

✏️ Проведи линию посередине дорожки, не отрывая карандаш от бумаги.

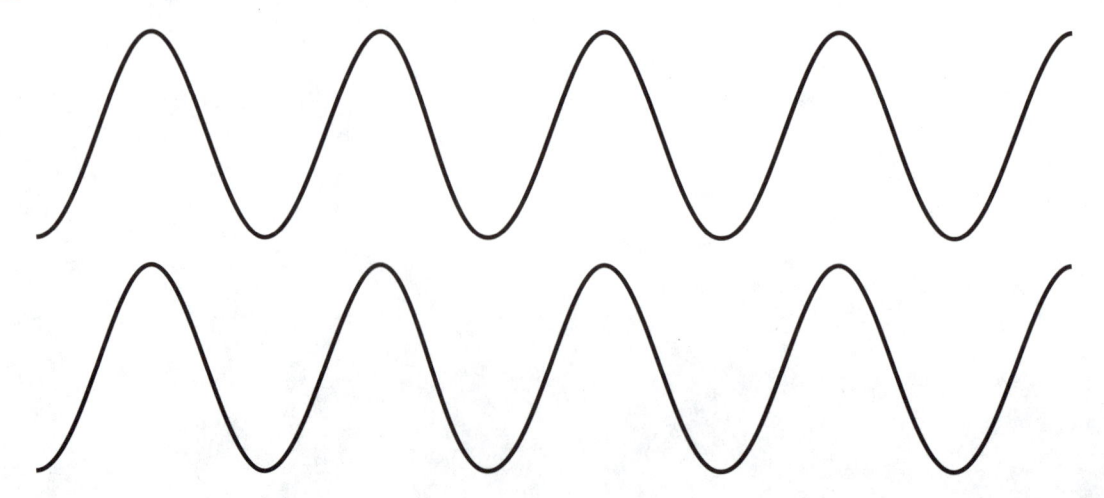

Занятие 8

205

! Выберись из лабиринтов, начиная свой путь от середины. Работай карандашом.

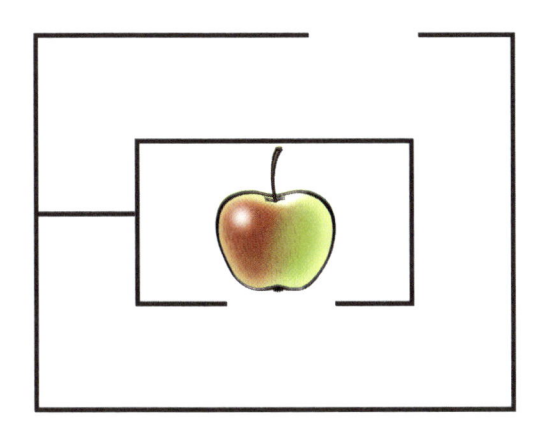

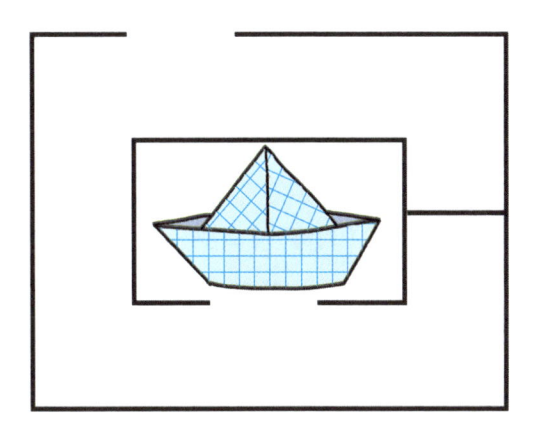

Обведи чебурашек карандашом.

Обведи клетки и продолжи рисовать узор карандашом.

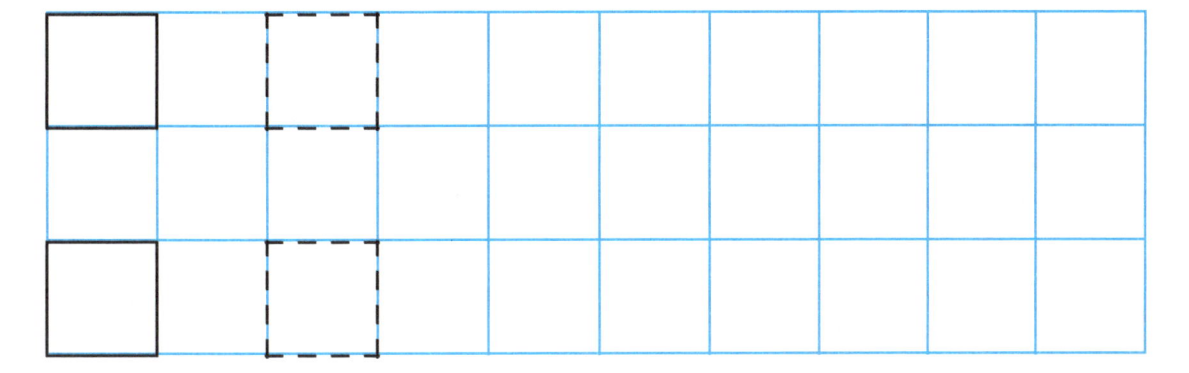

Занятие 9

▫ Выполни гимнастику для пальцев рук с проговариванием строчек потешки.

> Я здороваюсь везде:
> Дома и на улице.
> Даже «здравствуй» говорю
> Я соседской курице.

Родителям. Следите за тем, чтобы большой палец правой руки ребёнка поочерёдно с каждым пальцем образовывал колечко. Нужно выполнять обеими руками одновременно.

▫ Возьми лист бумаги и разрежь его пополам 4 раза.

▫ Обведи лес указательным пальцем, не отрывая руки от линии.

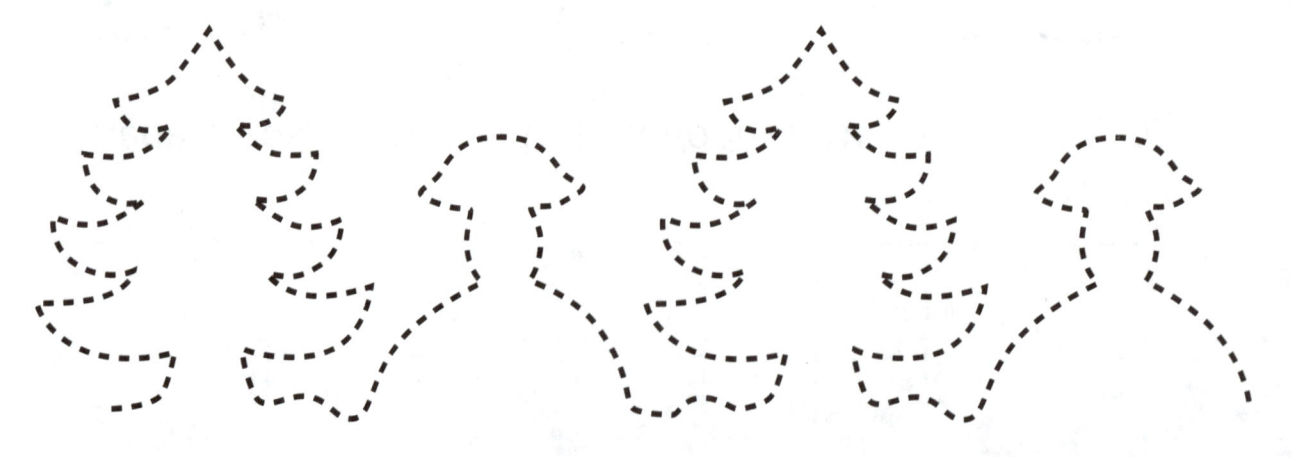

▫ Обведи лес карандашом, не отрывая его от бумаги.

Занятие 9

Нарисуй квадраты по образцу. Работай карандашом.

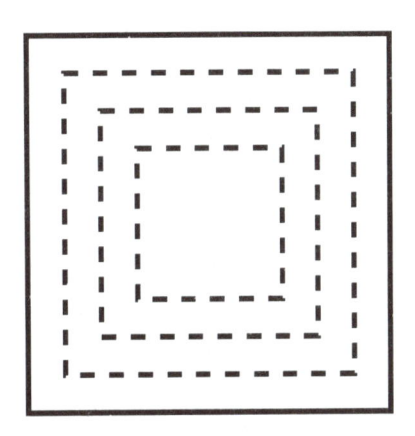

Дорисуй ёжиков по образцу. Работай карандашом.

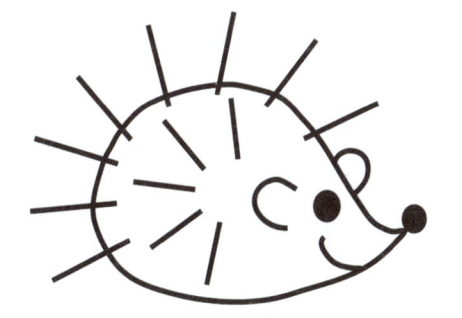

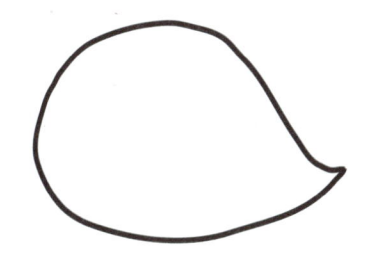

Впиши карандашом квадраты в клетки.

Занятие 10

Выполни гимнастику для пальцев рук с проговариванием строчек стихотворения.

Здравствуй, солнце золотое!
Здравствуй, небо голубое!
Здравствуй, вольный ветерок!
Здравствуй, маленький дубок!
Мы живем в одном краю —
Всех я вас приветствую!

Родителям. Пальцы правой руки по очереди «здороваются» с пальцами левой руки, похлопывая друг друга подушечками.

Обведи рисунки карандашом. Начни от точки.

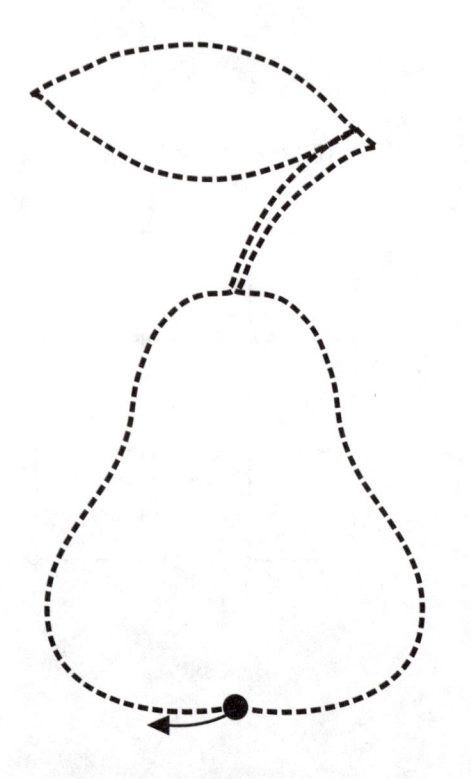

Занятие 10

Скатай из пластилина жгутики, соедини их концы, превратив жгутики в баранки.

Обведи пальцем спираль и нарисуй по образцу такие же спирали. Работай карандашом.

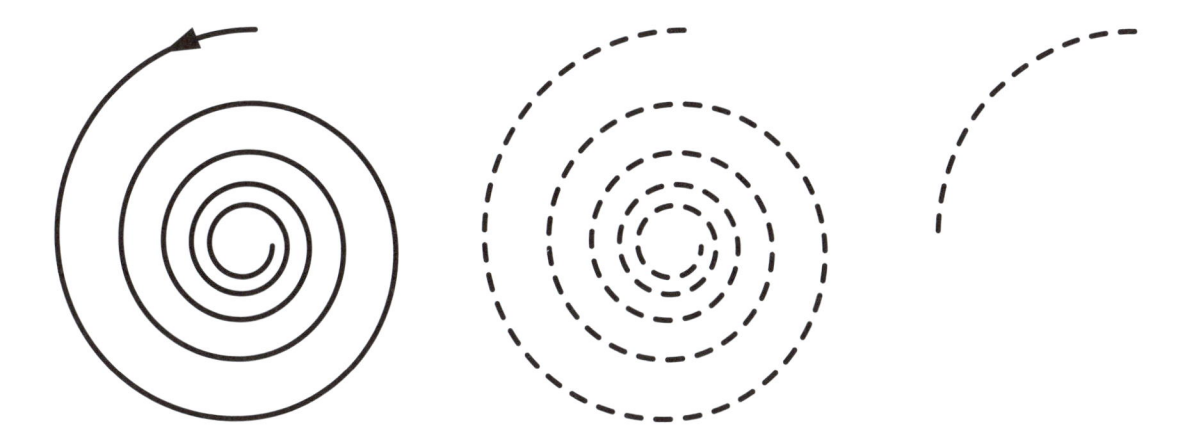

Посмотри внимательно и скажи, что не нарисовал художник у второй свиньи.

Дорисуй карандашом недостающие детали.

Занятие 11

Выполни упражнение для пальцев «Зайка шевелит ушами» с проговариванием строчек потешки.

Зайка серый скачет ловко,
В лапке у него морковка.

Родителям. Пальцы необходимо согнуть в кулачок. Выставить вверх указательный и средний пальцы. Шевелить ими в разные стороны.

Закрась цветными карандашами тени героев сказок и соедини их в пары.

Занятие 11

*Вылепи из пластилина жгутики. Сделай из них спиральки.

*Обведи карандашом петельки.

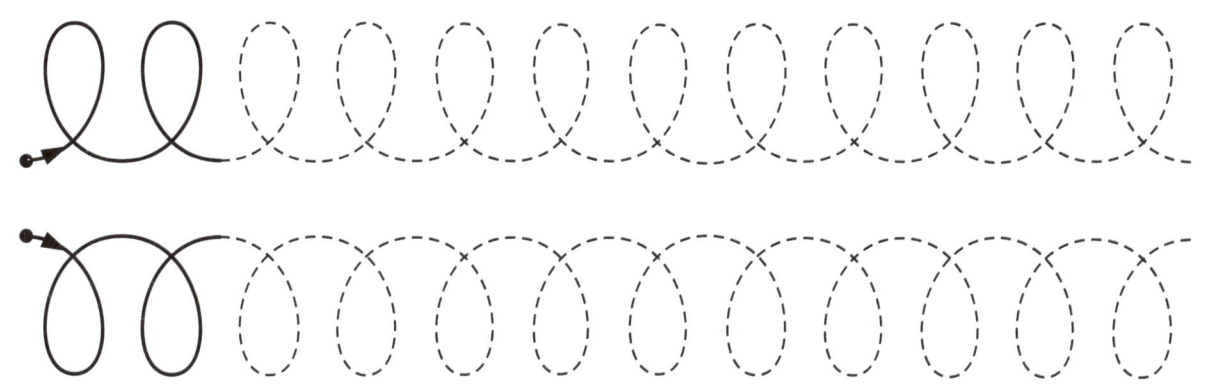

*Дорисуй карандашом домики так, чтобы они были одинаковыми.

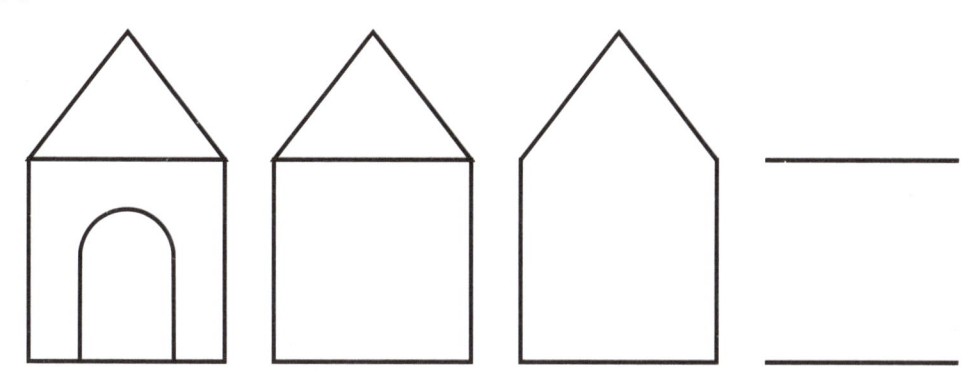

*Соедини между собой точки по образцу. Работай карандашом.

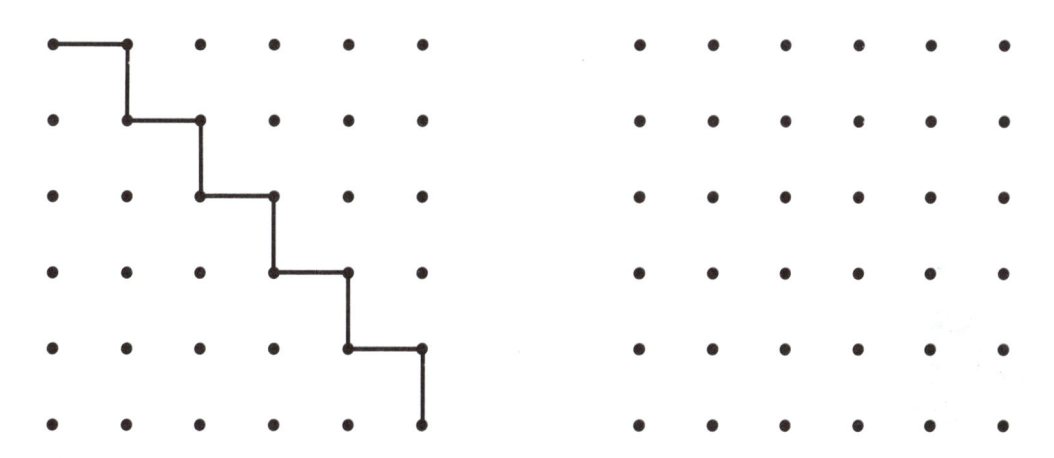

Занятие 12

Выполни гимнастику для пальцев рук с проговариванием строчек потешки.

> Бабочка-коробочка,
> Улетай под облачко.
> Там твои детки
> На берёзовой ветке.

Родителям. Необходимо скрестить запястья обеих рук и прижать ладони тыльной стороной друг к другу. Пальцы прямые. Имитировать полёт бабочки.

Раскрась одинаковые фигуры карандашом одного и того же цвета.

Помоги ёжику найти яблоко. Проведи сплошную линию по точкам. Работай карандашом.

Занятие 12

Вылепи шарик из пластилина. Преврати этот шарик в яблоко, морковку, грибок.

Вместе со взрослым соедини карандашом точки прямыми линиями по образцу.

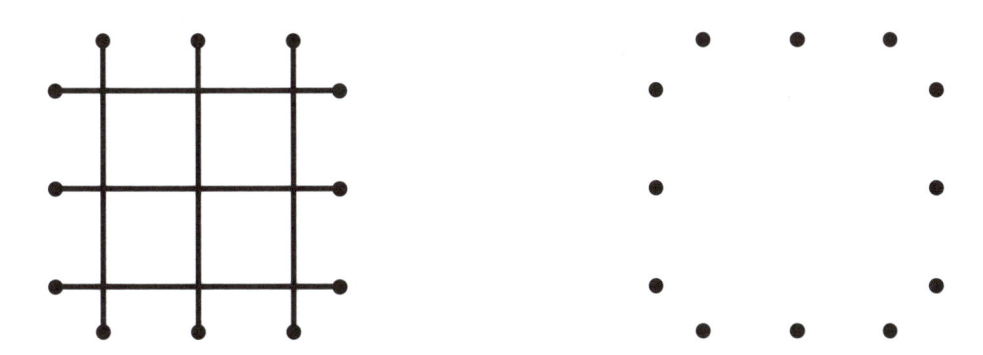

Дорисуй зайцев по образцу. Работай карандашом.

Продолжи узор. Работай карандашом.

Занятие 13

Выполни гимнастику для пальцев рук с проговариванием строчек стихотворения.

> Дружат в нашей группе
> Девочки и мальчики.
> Мы с тобой подружим
> Маленькие пальчики.
>
> Ты яичко покатай,
> Но из рук не выпускай:
> Очень хрупкое оно —
> Так у птиц заведено.

Родителям. Нужно положить между ладонями грецкий орех. Ладони поставить вертикально, покатать орех по часовой стрелке, а затем против часовой стрелки.

Нарисуй карандашом на листе круги и вырежи их ножницами.

Что забыл нарисовать художник у кошки?

Дорисуй карандашом недостающие детали.

Занятие 13

215

📝 Обведи лес сначала указательным пальцем, а затем карандашом.

❗ Выйди из лабиринта, начиная от середины. Работай карандашом.

216 Готовим руку к письму

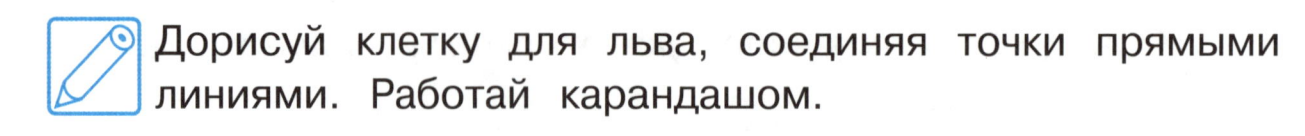

✏️ Дорисуй клетку для льва, соединяя точки прямыми линиями. Работай карандашом.

✏️ Возьми карандаш и быстро пробеги по горам.

✏️ Впиши треугольники в клетки. Работай карандашом.

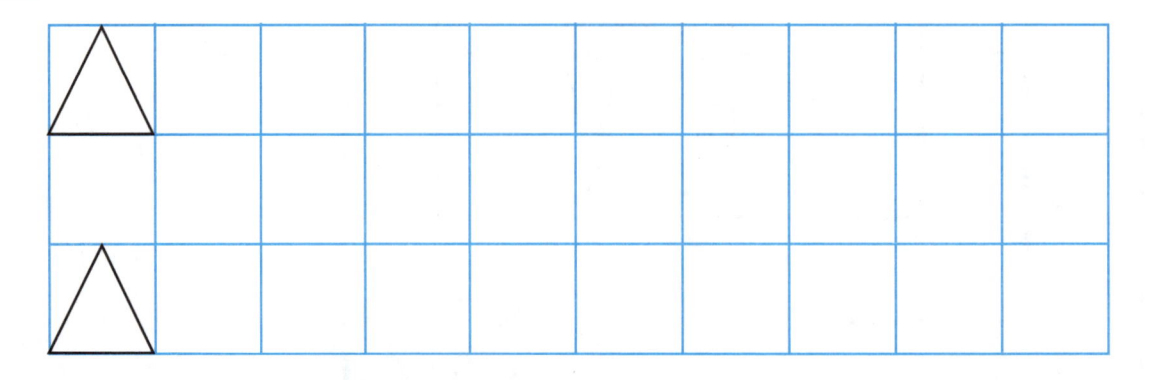

Занятие 14

Выполни гимнастику для пальцев рук с проговариванием строчек потешки.

> Птички прилетали,
> Крыльями махали.
> Потом сели, посидели
> И дальше полетели.

Родителям. Пальцами обеих рук нужно производить движения вверх-вниз, изображая взмах крыльев.

Вылепи из пластилина жгутик и сверху большим и указательным пальцами прищипывай по всей поверхности. Что получилось? На что похоже?

Заштрихуй вазы. Соблюдай одинаковое расстояние между линиями и направление штриховки. Работай карандашом.

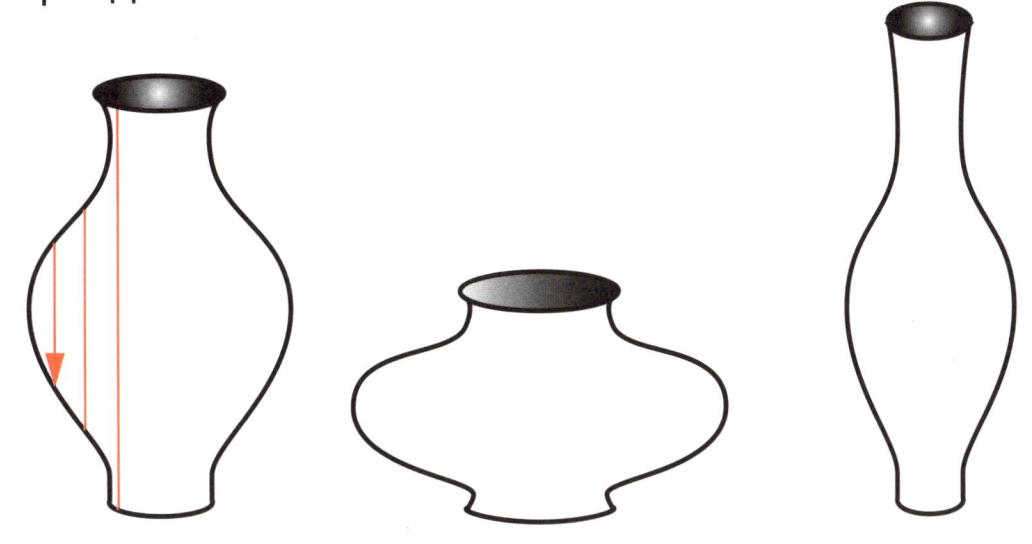

218 Готовим руку к письму

✏️ Дорисуй листочек. Продолжи рисовать такие же листочки карандашом.

✏️ Дорисуй у домика дым и забор. Веди линии, не отрывая карандаш от бумаги, до конца прямой.

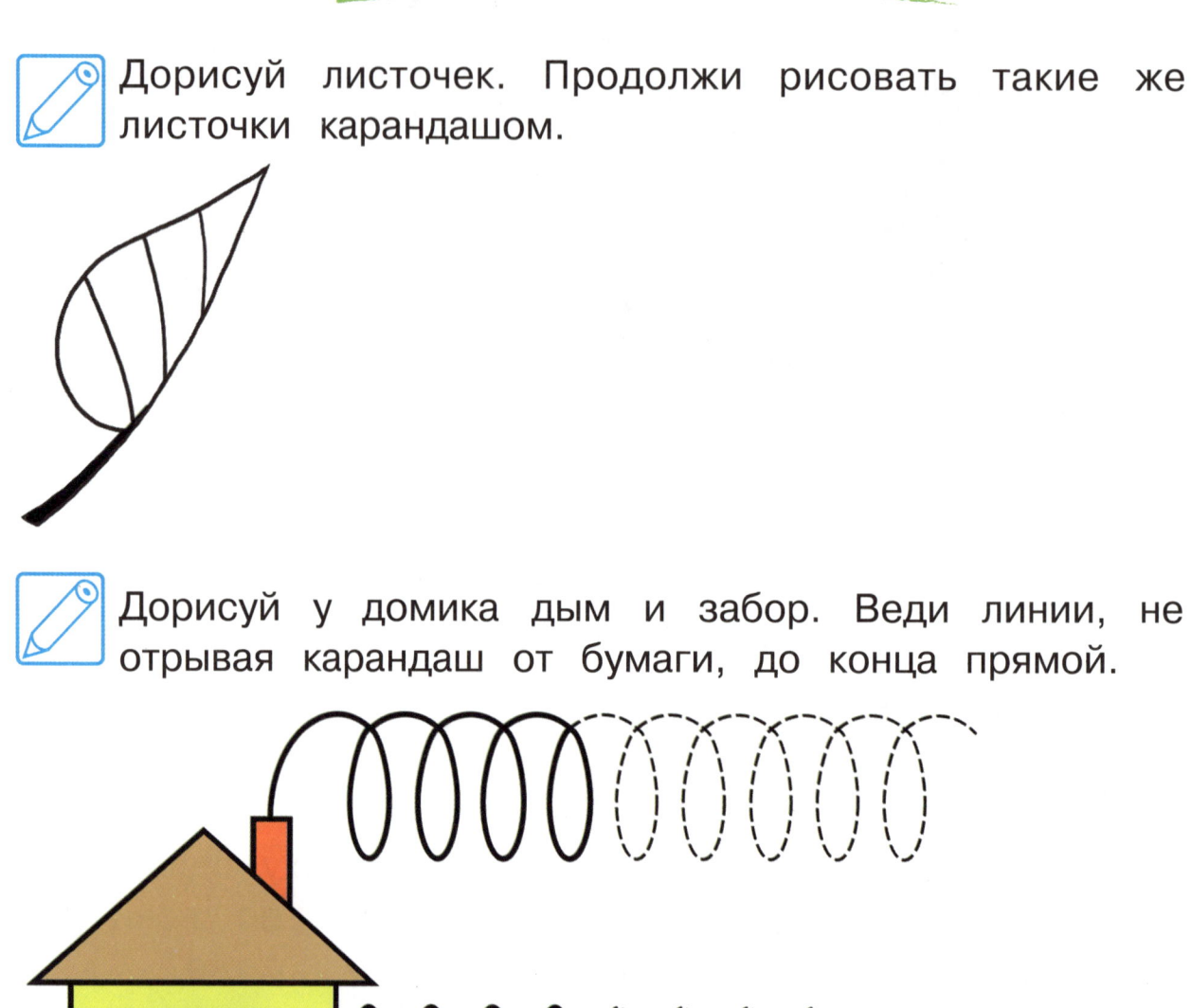

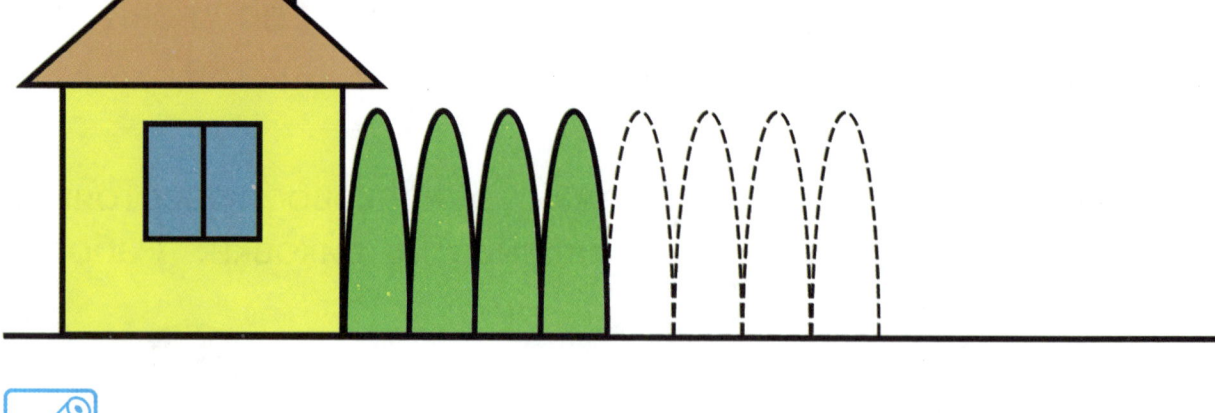

✏️ Впиши карандашом круги в клетки.

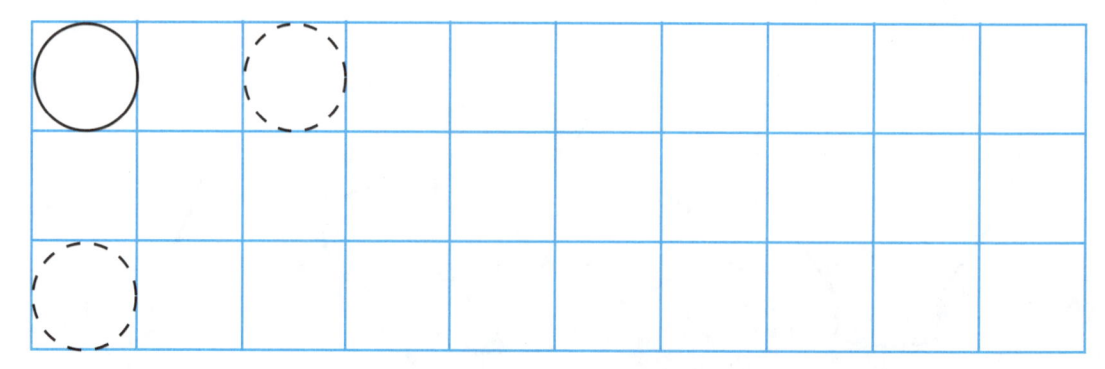

Занятие 15

Выполни гимнастику для пальцев рук с проговариванием строчек потешки.

> Идёт коза рогатая,
> Идёт коза бодатая.

(Указательный палец и мизинец изображают рога. Остальные прижаты к ладони.)

> За ней козлёночек бежит,
> Колокольчиком звенит.

(Все пальцы соединены в щепоть и опущены вниз.)

Что изображено на рисунке? Назови это одним словом.

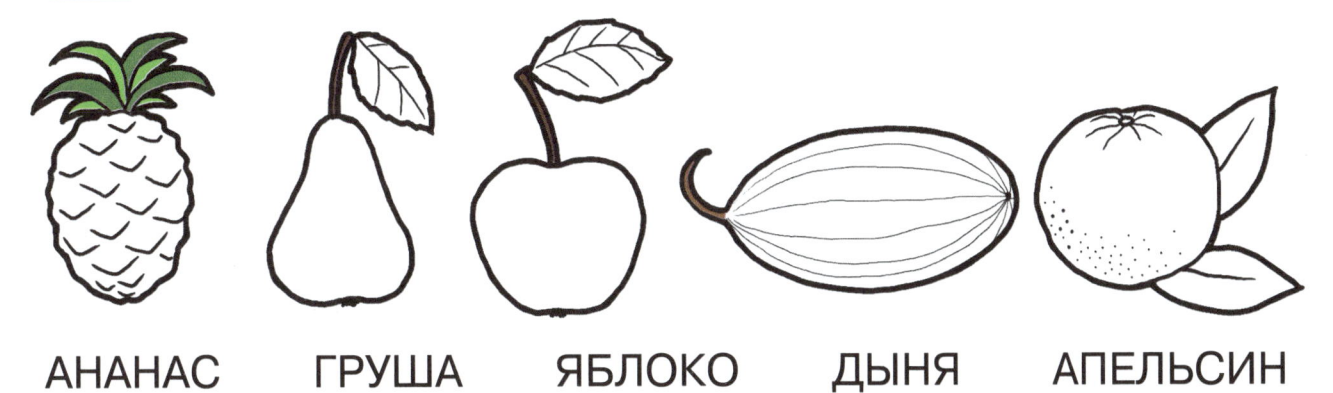

АНАНАС   ГРУША   ЯБЛОКО   ДЫНЯ   АПЕЛЬСИН

Раскрась цветными карандашами только те предметы, названия которых начинаются на буквы А, Я.

Вылепи буквы А, Я из пластилина.

220 Готовим руку к письму

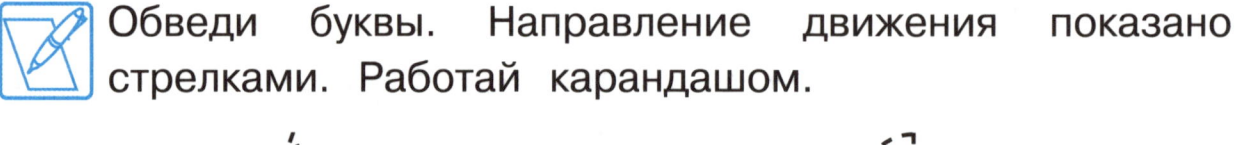

! Найди и обведи красным карандашом буквы А и Я.

А Ф Л Г Я
Я Ь А Р Я А

Обведи буквы. Направление движения показано стрелками. Работай карандашом.

А А А а Я Я я

Дорисуй буквы А и Я. Работай карандашом.

А Л Я Я

Впиши карандашом круги в клетки.

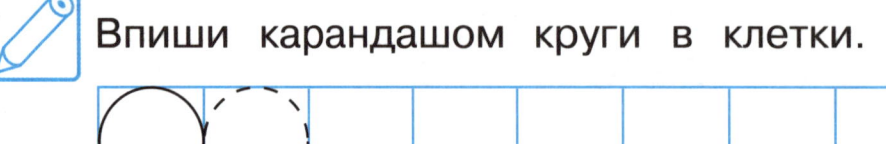

Занятие 16

Выполни упражнение для пальцев с проговариванием строчек потешки «Человечек».

> Побежали вдоль речки
> Весёлые человечки.

Родителям. Следите за тем, чтобы указательный и средний пальцы рук малыша «бегали» по столу.

Что изображено на рисунках? Как можно назвать это одним словом?

ОСИНА   ДУБ   ЁЛКА   БЕРЁЗА

Покажи деревья, названия которых начинаются с буквы О или Ё.

Обведи карандашом буквы по пунктирным линиям.

222 **Готовим руку к письму**

✳ Вылепи буквы О, Ё из пластилина.

✏ Найди буквы О, Ё и обведи красным карандашом.

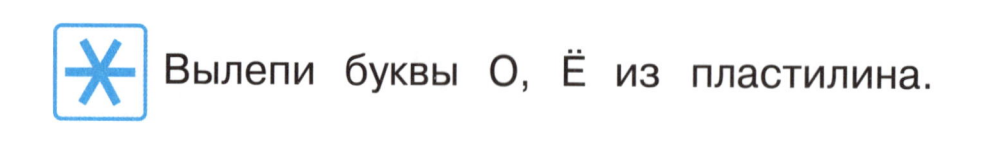

Л Е Ё Ь О
Ё Р О Л Ю

✏ Дорисуй карандашом буквы О, Ё.

О С Ė

✏ Впиши карандашом крестики в клетки.

Занятие 17

Выполни гимнастику для пальцев рук с проговариванием строчек.

Покажи уменье другу,
Повертись-ка ты по кругу!

Родителям. Четыре пальца правой руки (кроме большого) нужно сжать в кулак. Большой палец поднять вверх и выполнять им круговые движения.

Отметь крестиком предметы, в названиях которых есть буквы Э и Е.

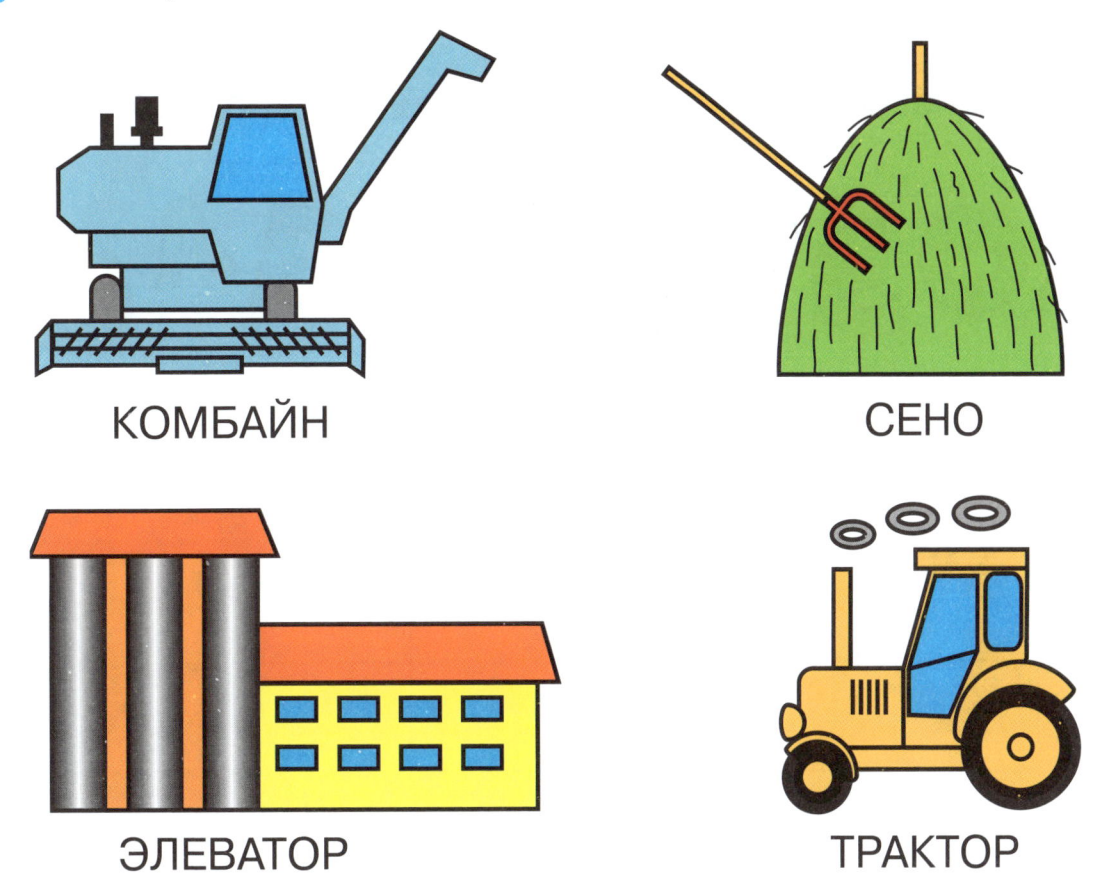

КОМБАЙН

СЕНО

ЭЛЕВАТОР

ТРАКТОР

Готовим руку к письму

✏️ Найди буквы Э и Е, обведи их красным карандашом.

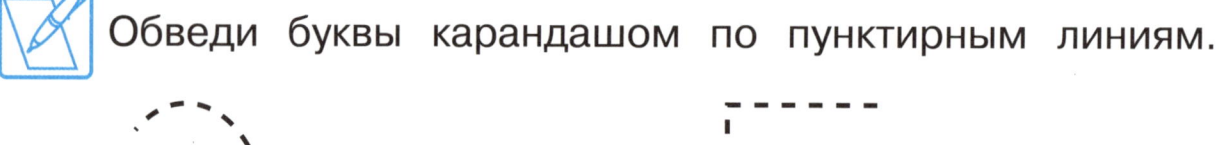

ЭЕСЩЕЦФО

✳️ Вылепи буквы Е, Э из пластилина.

✏️ Обведи буквы карандашом по пунктирным линиям.

❗ Одинаковые буквы обведи синим карандашом.

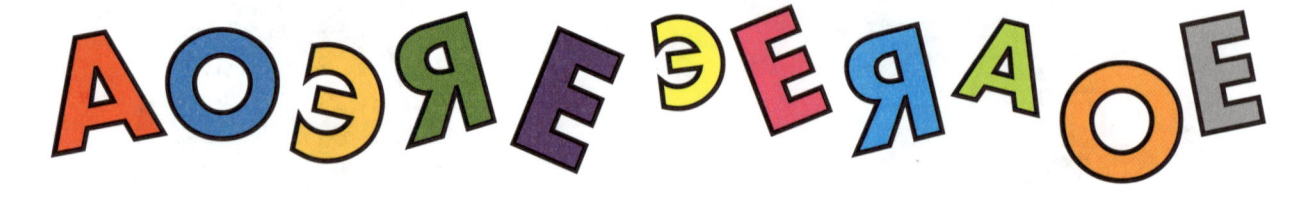

АОЭЯЕЭЕЯАОЕ

✏️ Продолжи рисовать карандашом, сохраняя закономерность.

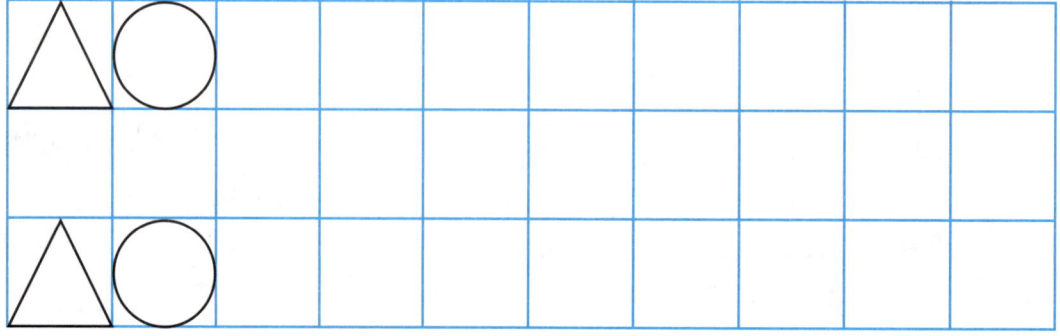

Занятие 18

🖐 Выполни понравившееся тебе упражнение гимнастики для пальцев.

❓ Что изображено на рисунках?

ПИЖАМА   ПЛАТЬЕ   УШАНКА   БРЮКИ

ЮБКА   КУРТКА   РУБАШКА

❗ Отметь крестиком предметы, названия которых начинаются на буквы У, Ю. Работай карандашом.

✳ Вылепи из пластилина буквы У, Ю.

226 Готовим руку к письму

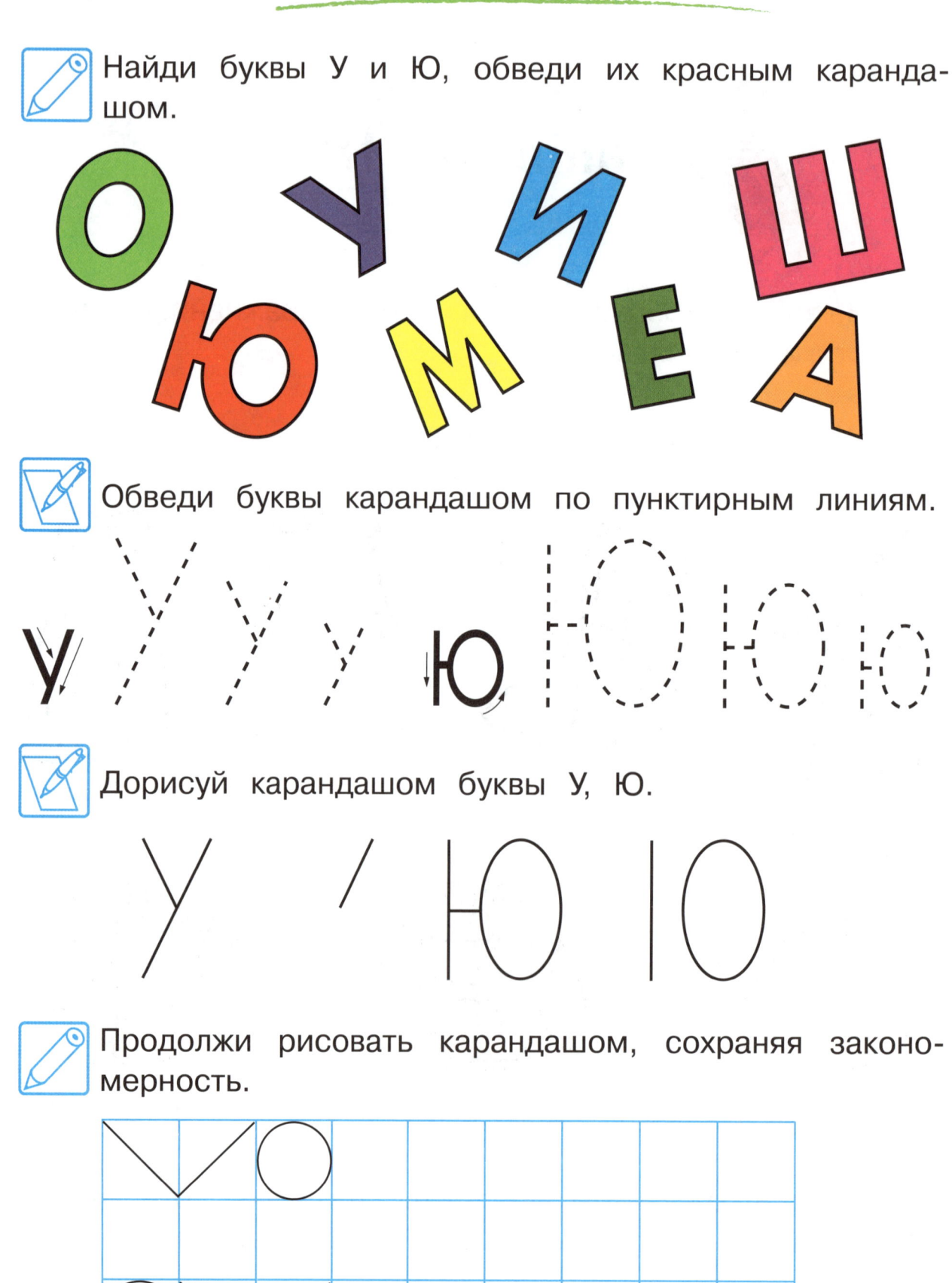

✏️ Найди буквы У и Ю, обведи их красным карандашом.

О У И Ш Ю М Е А

✏️ Обведи буквы карандашом по пунктирным линиям.

У У У у Ю Ю Ю Ю

✏️ Дорисуй карандашом буквы У, Ю.

У Ю Ю

✏️ Продолжи рисовать карандашом, сохраняя закономерность.

Занятие 19

«Поиграем в Золушку».

Родителям. Для выполнения этого упражнения возьмите 15 зёрен гречки и столько же зёрен риса. Смешайте рис и гречку на столе. Возьмите два аптечных пузырька с нешироким горлышком. А теперь попросите ребёнка пальцами правой руки класть в один пузырёк рис, а пальцами левой руки — в другой пузырёк гречку. Когда ребёнок хорошо освоит это упражнение, замените рис пшеном.

Что изображено на рисунках? Как можно назвать их одним словом?

ТИГР   ЗЕБРА   ЛИСА   РЫСЬ

КЕНГУРУ   МЫШЬ   МЕДВЕДЬ   БЫК

Отметь крестиком те из них, в названиях которых встречаются буквы И, Ы. Работай карандашом.

Готовим руку к письму

- Обведи буквы И и Ы красным карандашом.

Р Н И Ы Ю И Ы О

- Вылепи буквы И, Ы из пластилина.

- Обведи буквы карандашом по пунктирным линиям.

И И И и Ы Ы ы

- Какой хвост принадлежит ослику Иа?

- Впиши прямоугольники в клетки. Работай карандашом.

Занятие 20

✋ Выполни гимнастику для пальцев рук с проговариванием строчек стихотворения.

> Красят домик маляры
> Для любимой детворы.
> Если только я смогу,
> То им тоже помогу.

Родителям. Пальцами правой руки (левой) словно маленькой кистью нужно наносить «краску» на ладонь левой (правой), движениями вверх-вниз.

❓ Что изображено на рисунках? Как можно назвать их одним словом?

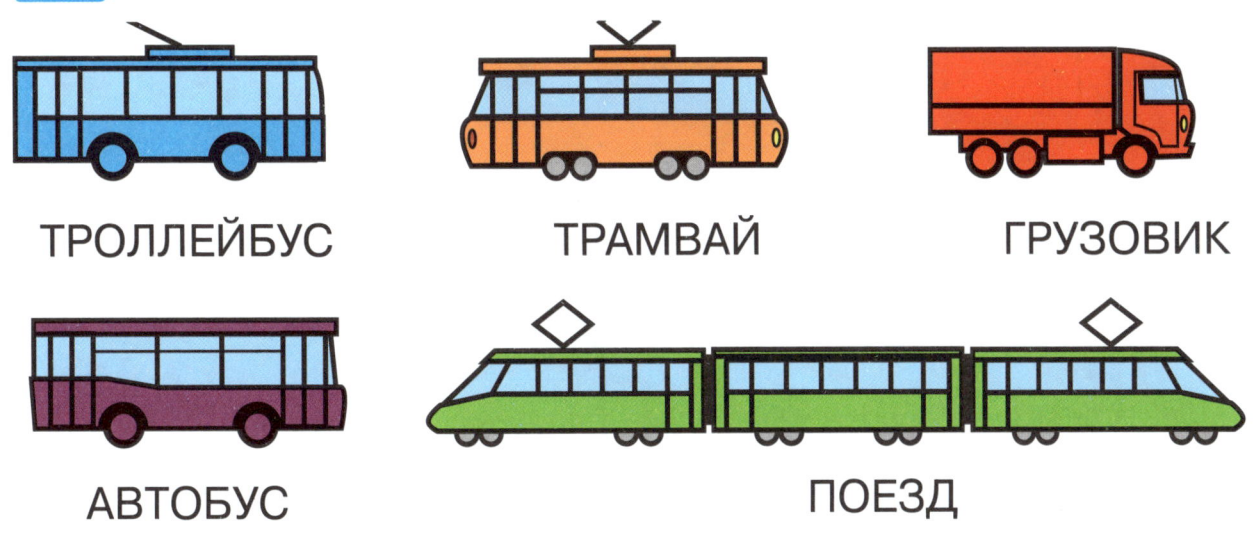

ТРОЛЛЕЙБУС   ТРАМВАЙ   ГРУЗОВИК

АВТОБУС   ПОЕЗД

❗ Отметь крестиком те из них, в названии которых есть буквы Б, П. Работай карандашом.

✳ Вылепи буквы Б, П из пластилина.

Готовим руку к письму

Обведи буквы Б, П синим карандашом.

Р В П В Ф
Ы А Ф Б

Обведи буквы карандашом по пунктирным линиям.

П П П п Б Б Б б

Соедини пары. Работай карандашом.

Б П А
Э Е
А Б П

Занятие 21

Выполни гимнастику для пальцев рук с проговариванием строчек потешки.

> Долго лодочку качало,
> Ветер стих, и лодка встала.

Родителям. Ладонь руки — вверх, сложить пальцы «лодочкой». Плавно двигать кисть влево-вправо.

Что изображено на рисунках? Как можно назвать их одним словом?

ВАСИЛЁК   КАКТУС   РОМАШКА   РОЗА

ТЮЛЬПАН   ЛАНДЫШ   ФИАЛКА

Отметь крестиком те из них, названия которых начинаются на буквы В, Ф. Работай карандашом.

232 Готовим руку к письму

Обведи буквы В и Ф синим карандашом.

Р Ф В П Б
Ь Б Ы П

Вылепи буквы В, Ф из пластилина.

Обведи буквы карандашом по пунктирным линиям.

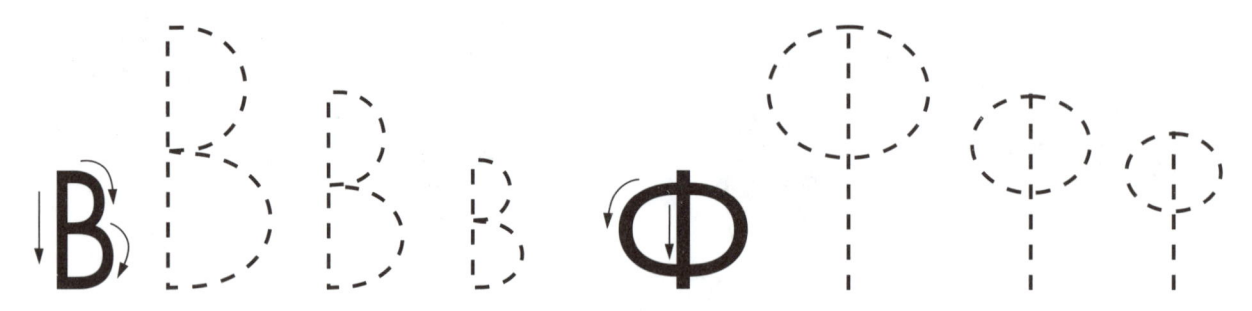

Нарисуй справа такую же фигуру по точкам. Работай карандашом.

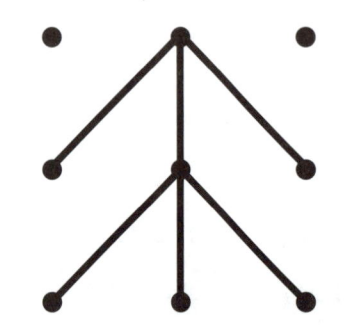

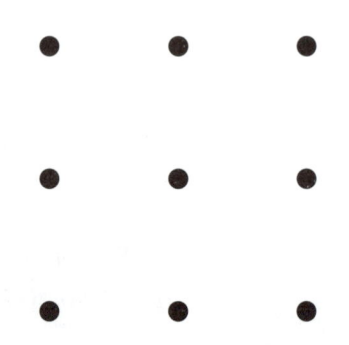

Занятие 22

Выполни гимнастику для пальцев рук с проговариванием строчек стихотворения.

> Две ладошки я прижму
> И по морю поплыву,
> Две ладошки, друзья, —
> Это лодочка моя.

Родителям. Две ладони нужно соединить «лодочкой» и выполнять волнообразные движения руками.

Что изображено на рисунках? Как можно назвать их одним словом?

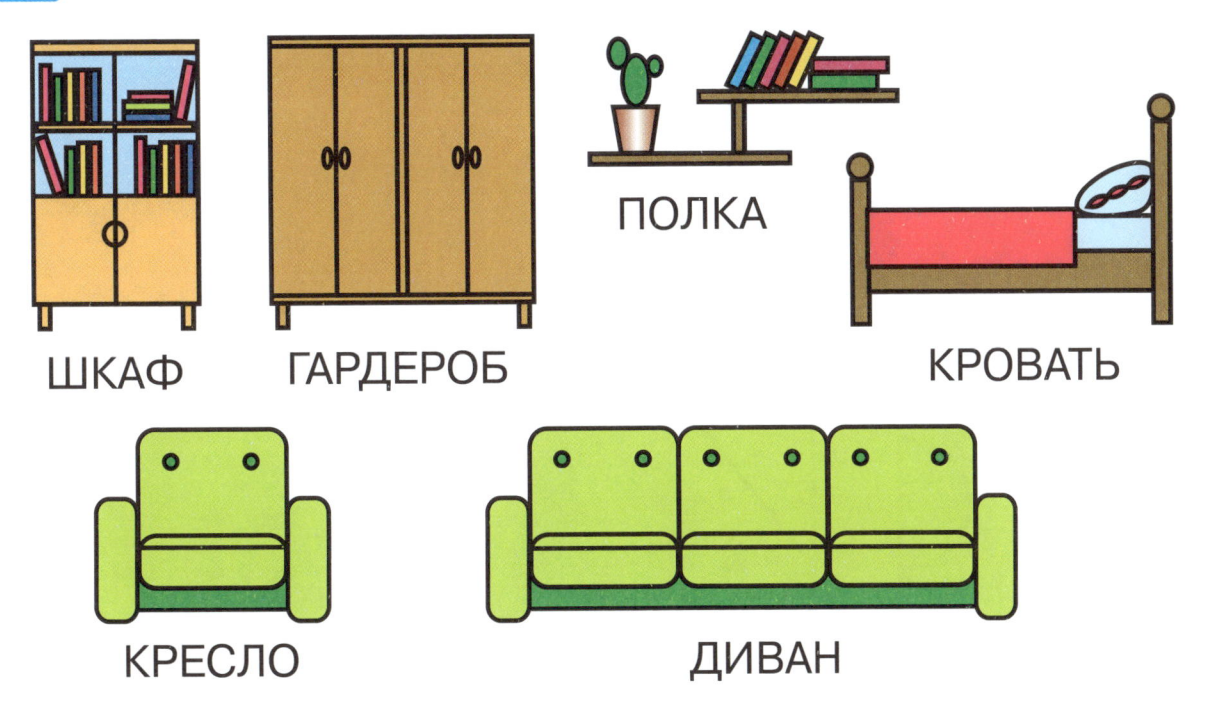

ШКАФ   ГАРДЕРОБ   ПОЛКА   КРОВАТЬ

КРЕСЛО   ДИВАН

Отметь крестиком предметы, названия которых начинаются на буквы К, Г.

234 Готовим руку к письму

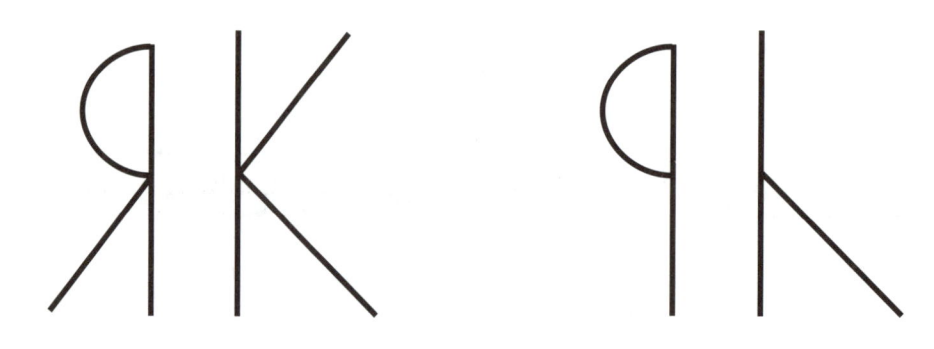

Найди буквы К, Г и обведи их синим карандашом.

Ц Т Ш Ф
Р Г К Г К

Обведи буквы карандашом по пунктирным линиям.

Г Г Г г К К К к

Допиши буквы карандашом.

ЯК ЯК

Занятие 22

235

✏️ Найди буквы Д и Т, обведи их синим карандашом.

**Ш Р Д П М
Е О Т Д Т**

✶ Вылепи буквы Д, Т из пластилина.

✏️ Обведи буквы карандашом по пунктирным линиям.

Т Т Т Т   Д Д Д Д

❓ «КО» — говорит курица. Подумай, как превратить это слово, чтобы оно обозначало кота.

КО

✏️ Допиши карандашом.

Занятие 23

Выполни гимнастику для пальцев рук с проговариванием строчек потешки «Зайка и барабан».

> Скачет зайка косой
> Под высокой сосной.
> А под другою сосной
> Скачет зайка другой.

Родителям. Пальчики нужно сжать в кулачок. Указательный и средний пальцы подняты вверх и прижаты друг к другу. Безымянным пальцем и мизинцем стучать по большому пальцу.

Что изображено на рисунках? Как их можно назвать одним словом?

СМОРОДИНА    ШИПОВНИК

КРЫЖОВНИК    ЖИМОЛОСТЬ

Отметь крестиком те из них, название которых начинается на буквы Ж, Ш.

Занятие 23

237

Найди буквы Ш, Ж и обведи их синим карандашом.

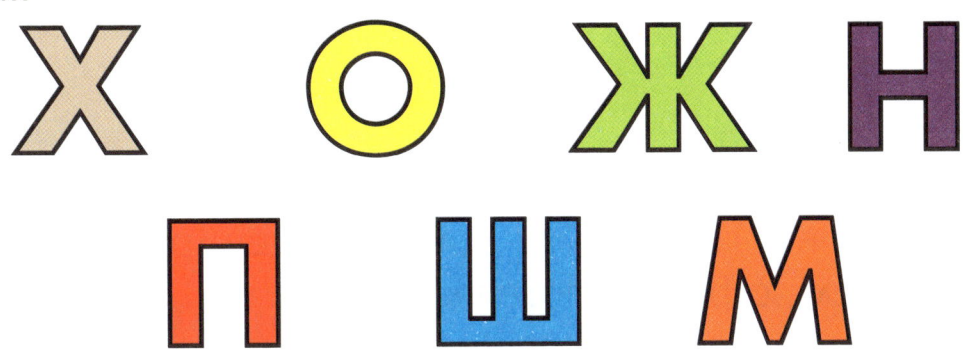

Х О Ж Н

П Ш М

Вылепи буквы Ш, Ж из пластилина.

Обведи буквы карандашом по пунктирным линиям.

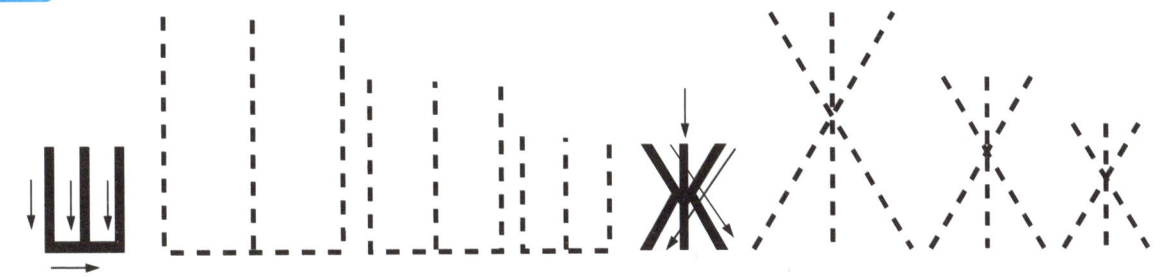

Преврати слово ЛУК в слово ЖУК. Работай карандашом.

ЛУК
УК

Нарисуй справа такую же фигуру по точкам. Работай карандашом.

Занятие 24

Выполни гимнастику для пальцев рук с проговариванием строчек потешки.

> Оса села на цветок,
> Пьет она душистый сок.

Родителям. Вытянуть указательный палец правой (левой) руки и вращать им.

Что изображено на рисунках? Как их можно назвать одним словом?

ЖИРАФ   ЛИСА   СЛОН

ЗЕБРА   ЗАЯЦ   МЕДВЕДЬ

Отметь крестиком те из них, названия которых начинаются на буквы З, С.

Занятие 24

Найди буквы З, С и обведи синим карандашом.

Вылепи буквы З, С из пластилина.

Обведи буквы карандашом по пунктирным линиям.

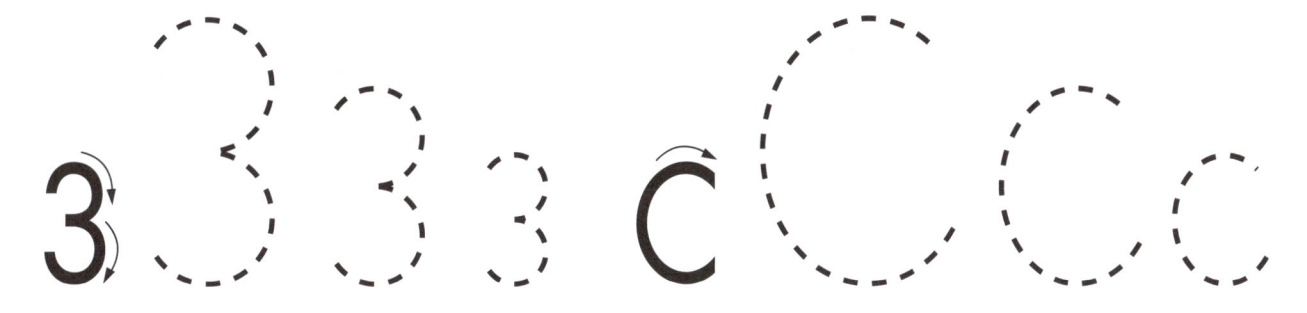

З З З з С С С с

Зачеркни карандашом лишнюю букву, чтобы получилось слово СУП. Какую букву зачеркнул? Почему? Объясни.

СУПЛ

Занятие 25

✏️ Обведи красным карандашом буквы, которые ты знаешь.

А Б В Г Д
Е Ё Ж З И
Й К Л М Н
О П Р С Т
У Ф Х Ц Ч
Ш Щ Ъ Ы
Ь Э Ю Я

Занятие 25

☑ Допиши букву в паре. Работай карандашом.

Б Г   Ф І   К Һ   З Ə

❗ Продолжи узор, не нарушая закономерность. Используй цветные карандаши.

☑ Спиши слова. Работай карандашом.

ДЕД

БАБА

❗ Продолжи рисовать узор карандашом, сохраняя закономерность.

Занятие 26

Выполни гимнастику для пальцев рук с проговариванием строчек стихотворения.

> Я весёлый майский жук.
> Знаю все сады вокруг.
> Над лужайками кружу,
> А зовут меня «Жу-жу»!

Родителям. Нужно сжать кулачок. Указательный палец и мизинец развести в стороны. Шевелить пальцами-«усами».

Что изображено на рисунках? Как их можно назвать одним словом?

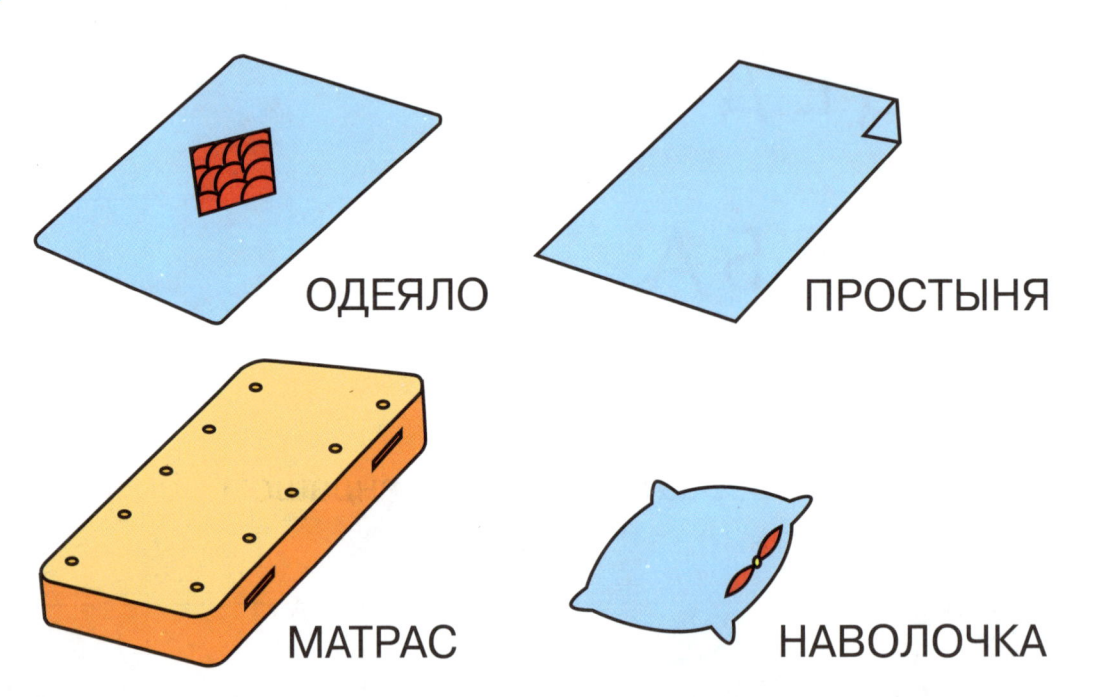

ОДЕЯЛО   ПРОСТЫНЯ

МАТРАС   НАВОЛОЧКА

Отметь крестиком предметы, названия которых начинаются на буквы М или Н.

Занятие 26

243

✏️ Найди буквы М и Н, обведи их синим карандашом.

Н О Р П М Ш

✱ Вылепи буквы М, Н из пластилина.

✏️ Обведи буквы карандашом по пунктирным линиям.

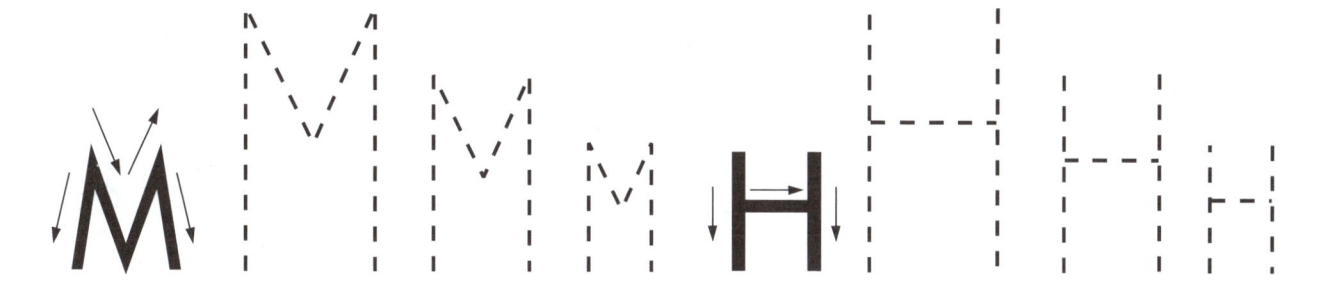

М М М м м Н Н н

❗ Дорисуй узор в клетках, сохраняя закономерность. Работай карандашом.

☒ ◯ △

Готовим руку к письму

Проведи карандашом линии снизу вверх.

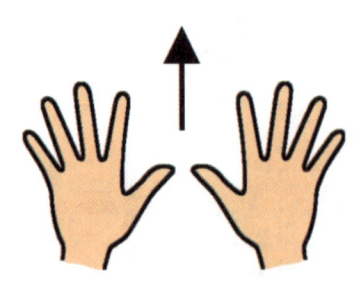

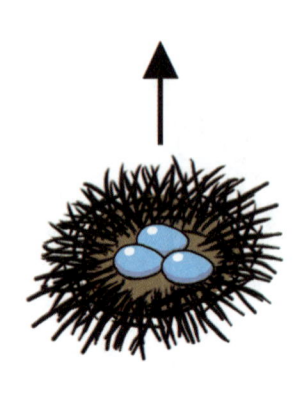

Обведи буквы карандашом по пунктирным линиям. Прочитай, что получилось. Напиши это слово.

МАМА

Занятие 27

Выполни гимнастику для пальцев рук с проговариванием строчек стихотворения «Шарик».

> Надувайся, шарик, больше!
> Лучше щёчки раздувай!
> Поиграй ты с нами дольше:
> Катись, прыгай и летай!

Родителям. Объясните малышу, что все пальчики обеих рук должны быть в щепотке и соприкасаться кончиками. Надо дуть на них, как будто надуваем шарик. Пальчики образуют форму шара, не размыкая кончиков. Потом воздух из шарика выходит, и пальчики принимают исходное положение.

Что изображено на рисунках? Как их можно назвать одним словом?

ПОМИДОР   ОГУРЕЦ   КАБАЧОК

РЕДИС   ЛУК   МОРКОВЬ   ПЕРЕЦ

Отметь крестиком те из них, названия которых начинаются на буквы Л, Р.

Готовим руку к письму

✏️ Найди буквы Р, Л и обведи их синим карандашом.

Й Р А П
Л
  Р
М И Й Н

✳️ Вылепи буквы Р, Л из пластилина.

✏️ Обведи буквы карандашом по пунктирным линиям. Направление движения показано стрелками.

Л Л Л л   Р Р Р р

Занятие 27

247

✏️ Дорисуй рыбок по образцу. Работай карандашом.

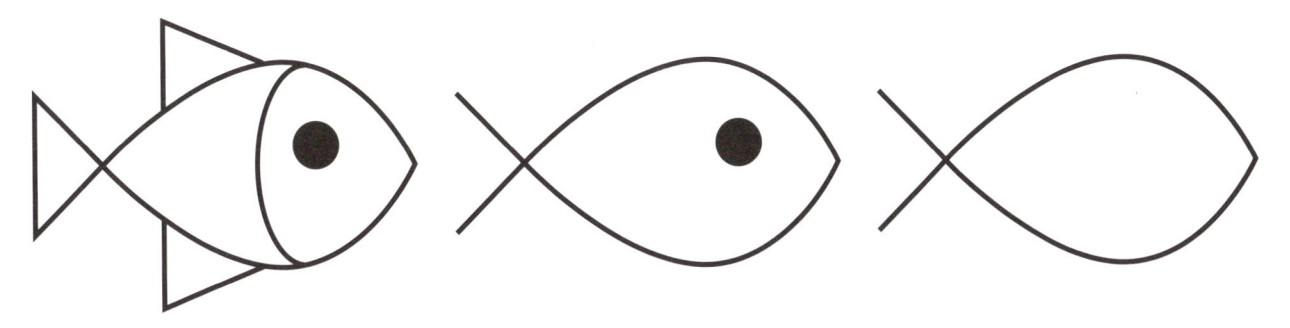

❗ Зачеркни карандашом лишнюю букву. Прочитай слово.

АЛЕВ

✏️ Дорисуй справа такую же фигуру по точкам. Работай карандашом.

Занятие 28

Выполни гимнастику для пальцев рук с проговариванием строчек стихотворения.

> Кот играет на баяне,
> Зайка наш — на барабане.
> Ну а мишка на трубе
> Поиграть спешит тебе.

Родителям. Нужно изображать игру на разных музыкальных инструментах: баяне, барабане, трубе.

Что изображено на рисунках? Как их можно назвать одним словом?

НОЖ   ЛОЖКА   ЧАШКА   ВИЛКА

ЧАЙНИК   ТАРЕЛКА   КАСТРЮЛЯ

Отметь крестиком те из них, названия которых начинаются на букву Ч.

Занятие 28

Найди букву Ч и обведи её зелёным карандашом.

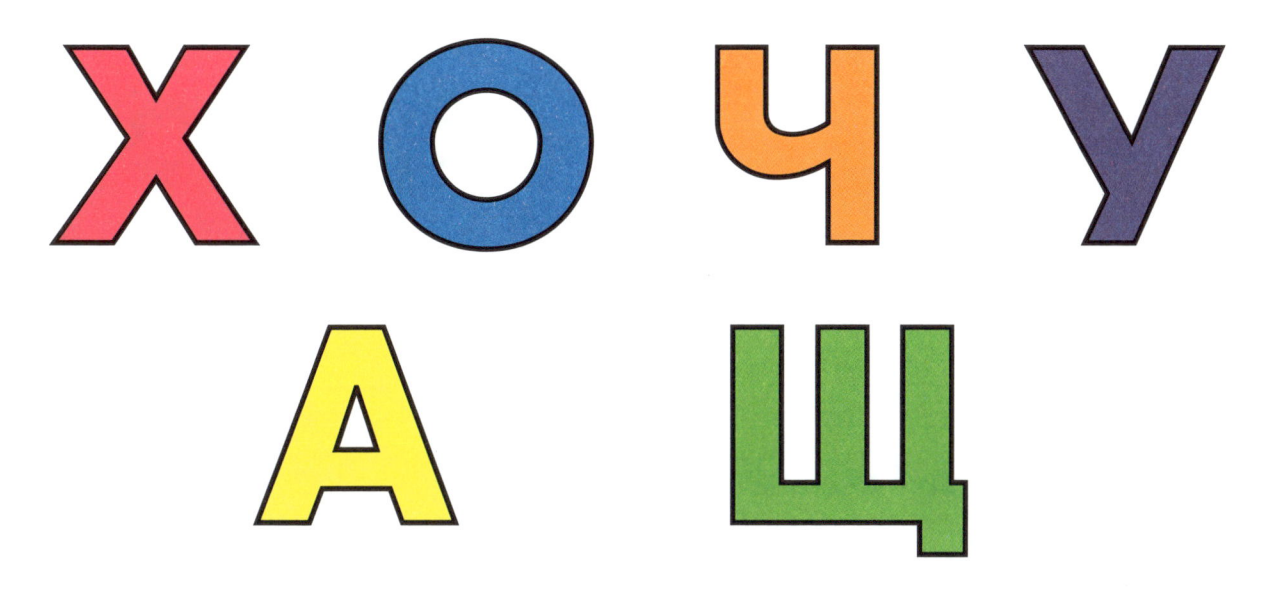

Х О Ч У
А Щ

Вылепи букву Ч из пластилина. На какую цифру она похожа?

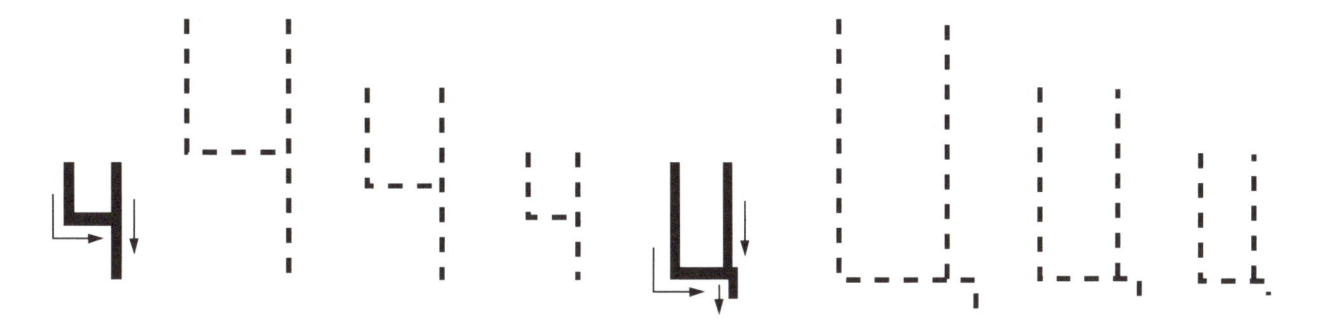

Обведи буквы карандашом по пунктирным линиям.

250 Готовим руку к письму

! Найди одинаковые буквы и соедини линией. Работай карандашом.

✏️ Дорисуй бусы. Используй цветные карандаши.

! Продолжи рисовать узор карандашом, сохраняя закономерность.

Занятие 29

Выполни гимнастику для пальцев рук с проговариванием строчек потешки.

> Улетела птица-мать,
> Малышам жучков искать.
> Ждут малютки-птицы
> Мамины гостинцы.

Родителям. Все пальцы правой руки обхватить левой ладонью. Шевелить пальцами правой руки, изображая птенцов в гнезде.

Что изображено на рисунках? Как их можно назвать одним словом?

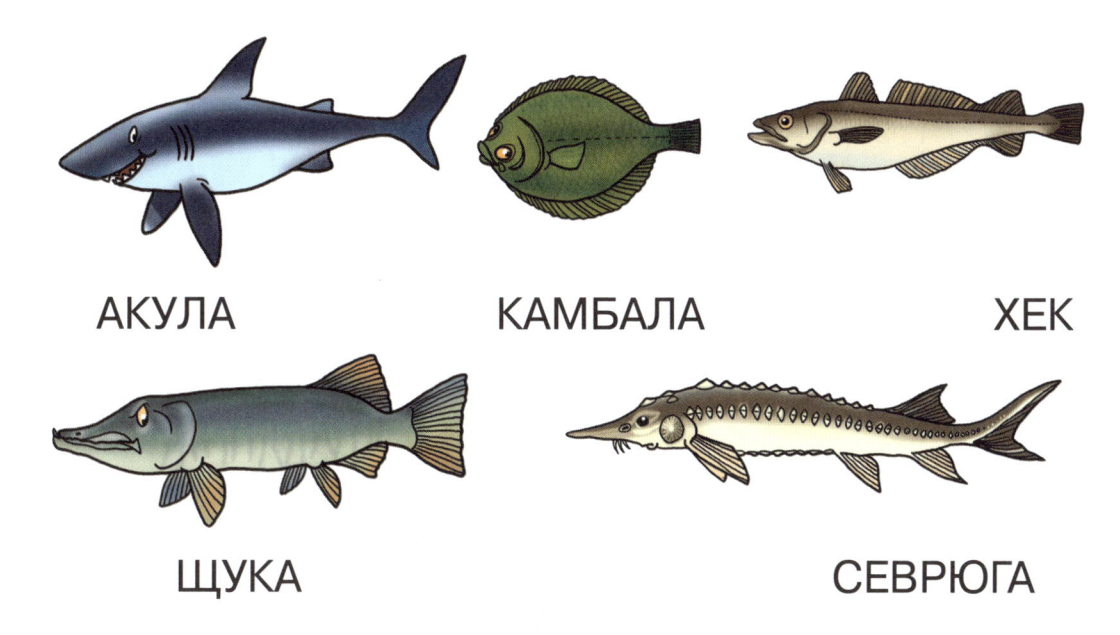

АКУЛА КАМБАЛА ХЕК

ЩУКА СЕВРЮГА

Отметь крестиком те из них, названия которых начинаются на буквы Щ, Х.

Готовим руку к письму

Вылепи буквы Щ, Х из пластилина.

Обведи буквы карандашом по пунктирным линиям.

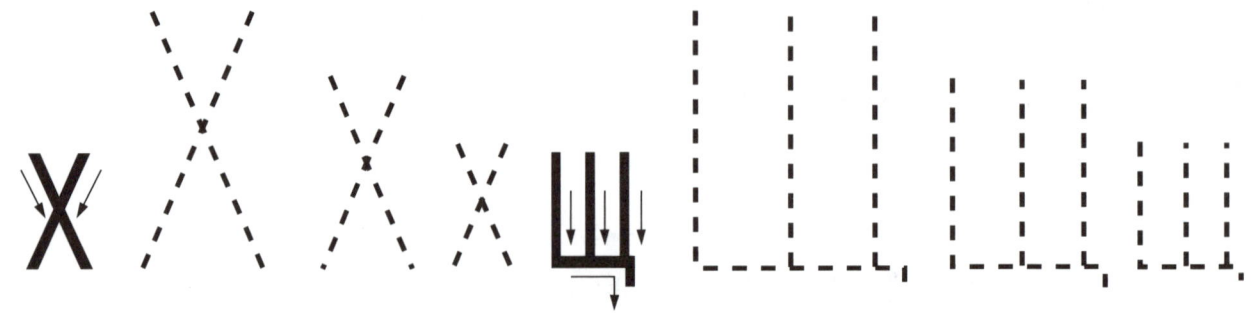

Дорисуй грибы. Работай карандашом.

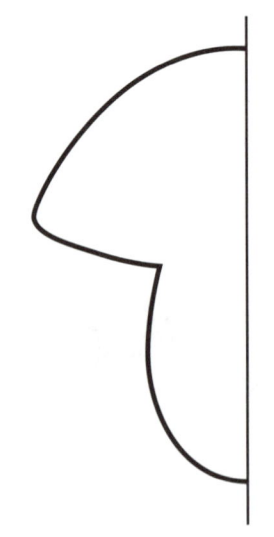

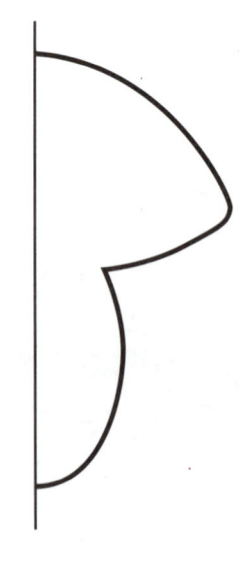

Нарисуй цветными карандашами клубки, с которыми играет котёнок.

Занятие 29

253

? Обведи карандашом леску с рыбой и ответь кто поймал рыбу.

! Дорисуй узор карандашом, сохраняя закономерность.

Занятие 30

✋ Выполни гимнастику для пальцев рук с проговариванием строчек стихотворения.

> Я хватаюсь за верёвку
> Правой ловко, левой ловко.
> За узлы её беру
> И играю поутру.

Родителям. Учим детей завязывать на тесьме или шнурке узелки и развязывать их.

? Что изображено на рисунках? Как можно назвать это одним словом?

ДОЖДЬ    СНЕГ 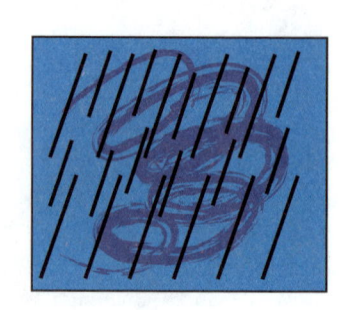   БУРЯ

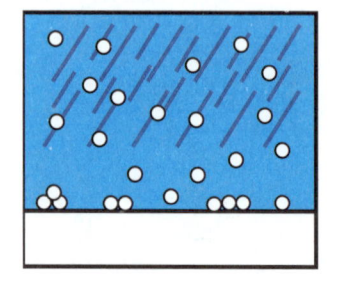

ГРАД    МЕТЕЛЬ    ГРОЗА

! Найди и подчеркни Ь.

Занятие 30

255

Найди буквы Ь и Ъ и обведи их коричневым карандашом.

А Х М О

Ъ Р Н Ь

Вылепи твердый и мягкий знаки из пластилина.

Обведи буквы карандашом по пунктирным линиям.

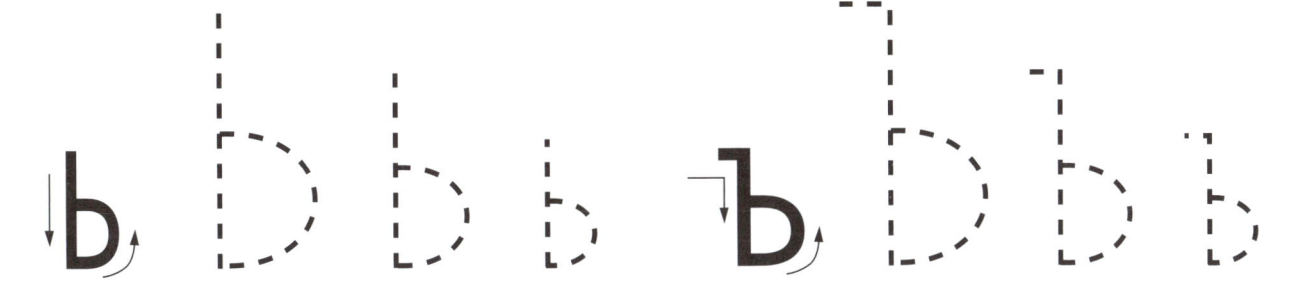

Ь ь ь ь Ъ ь ь

На что это похоже? Дорисуй карандашом.

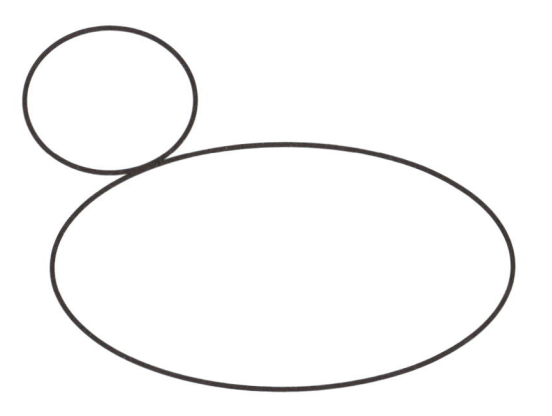

256 Готовим руку к письму

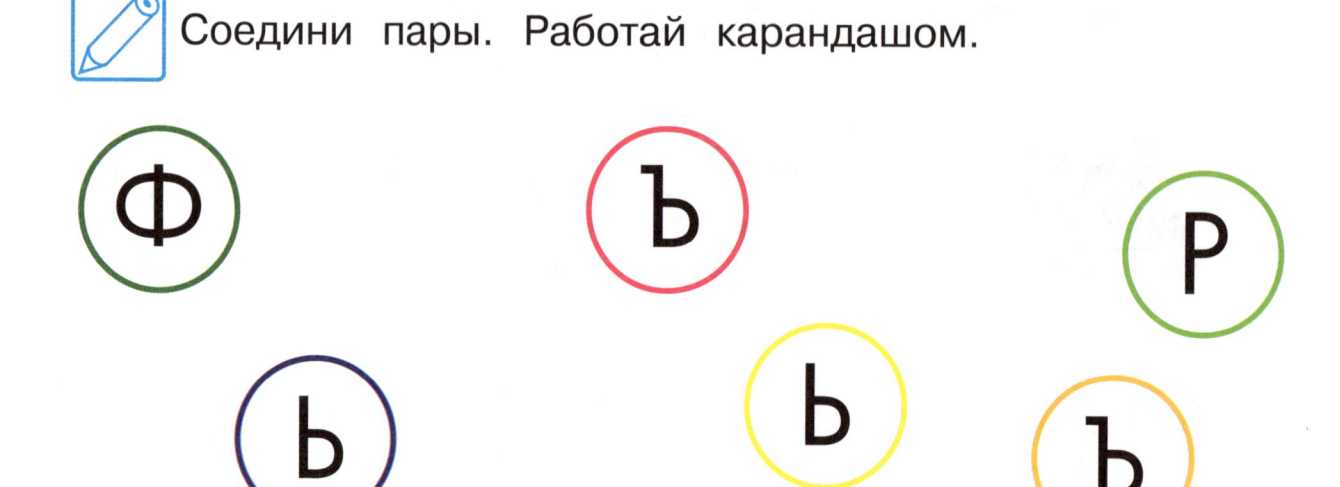

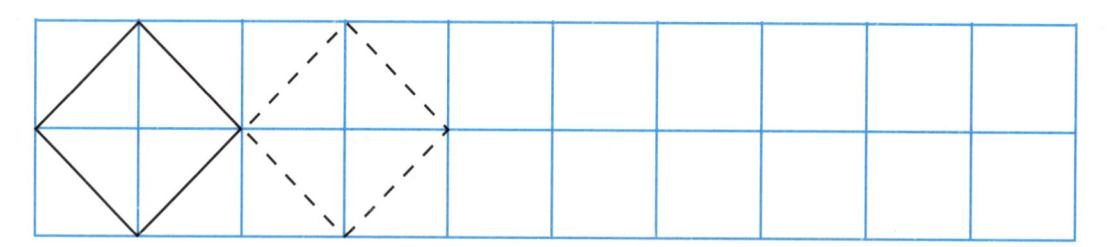

✏️ Соедини пары. Работай карандашом.

Ф   Ъ   Р

ь   Ь   Ъ

✏️ Дорисуй узор карандашом.

✏️ Нарисуй справа такую же фигуру по точкам. Работай карандашом.

Познаем мир

Занятие 1
ГОРОД, ДЕРЕВНЯ

! Внимательно рассмотри рисунки. Сравни их и найди отличия:
— в растениях;
— в транспорте;
— в домах;
— в дороге;
— в животных.

? Расскажи, что бывает в городе.

Занятие 1

? Расскажи, что бывает в деревне.

? Закончи предложения.

В городе многоэтажные дома, а в деревне...

В городе много разного транспорта, а в деревне...

В городе много улиц, а в деревне...

В городе мало растений, а в деревне...

260 Познаем мир

? Внимательно рассмотри рисунки и скажи, где работают люди — в городе или в деревне?

Занятие 2
МАГАЗИНЫ

? Рассмотри рисунки. Что на них изображено?

Цветы

Свежий хлеб

Молоко

Одежда

Книги

Познаем мир

? Назови, что можно купить:
- в магазине «Игрушки»;
- в магазине «Книги»;
- в магазине «Молоко»;
- в магазине «Одежда»;
- в магазине «Продукты».

✏ Обведи только те товары, которые можно купить в магазине «Игрушки».

Занятие 3
ТРАНСПОРТ

? Расскажи, что ты видишь на рисунке.

Место, где едут машины, называется ПРОЕЗЖАЯ ЧАСТЬ. А место, где ходят люди, — ТРОТУАР.

Познаем мир

! Отгадай загадку.

У дороги, словно в сказке,
На столбе живёт трёхглазка.
Всё мигает и мигает,
Ни на миг не засыпает.

? Как ты думаешь, для чего нужен светофор?

✎ Правильно раскрась светофор цветными карандашами. На какой сигнал светофора можно переходить улицу, а на какой нельзя.

? Посмотри на рисунки и скажи, в каком месте можно переходить дорогу.

Занятие 4
ТРАНСПОРТ

? Назови каждый рисунок. Для чего нужны эти предметы?

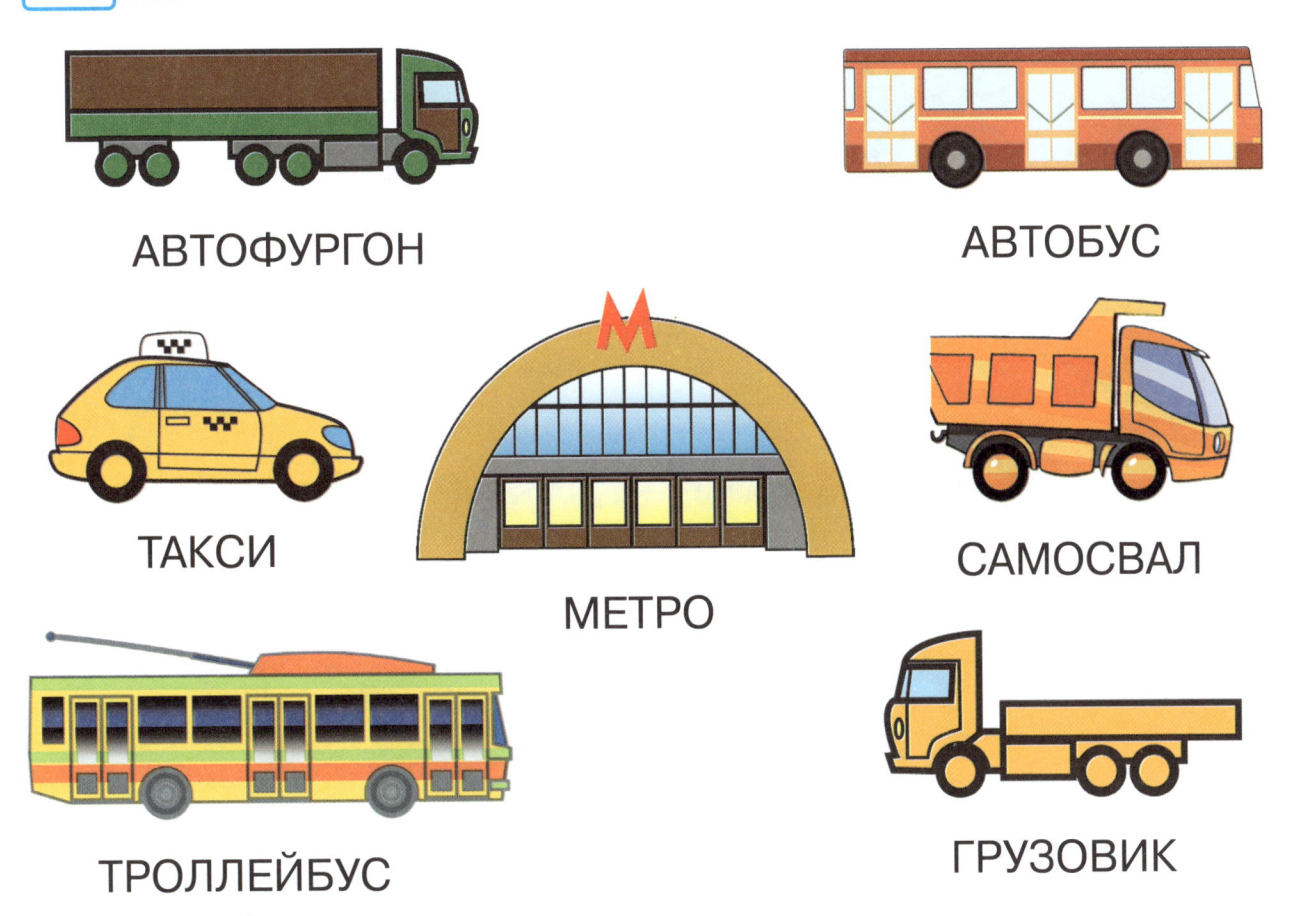

АВТОФУРГОН

АВТОБУС

ТАКСИ

МЕТРО

САМОСВАЛ

ТРОЛЛЕЙБУС

ГРУЗОВИК

Эти машины называются ТРАНСПОРТ, они используются для перевозки людей и грузов. Транспорт, перевозящий людей, называется ПАССАЖИРСКИЙ. Транспорт, перевозящий грузы, называется ГРУЗОВОЙ.

Обведи красным карандашом пассажирский транспорт.

Познаем мир

? Это водный транспорт. Почему его так называют?

? Это воздушный транспорт. Почему его так называют?

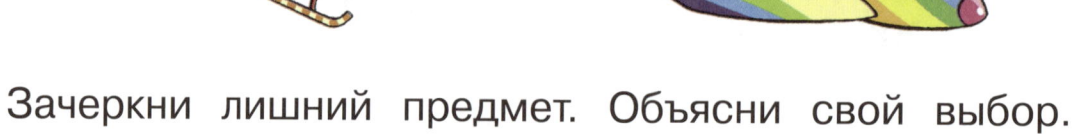

! Зачеркни лишний предмет. Объясни свой выбор.

Занятие 5
ЛЕТО

> ❗ Дополни предложения, называя нарисованные предметы.

Летом светит ☀. Стоит жаркая погода.

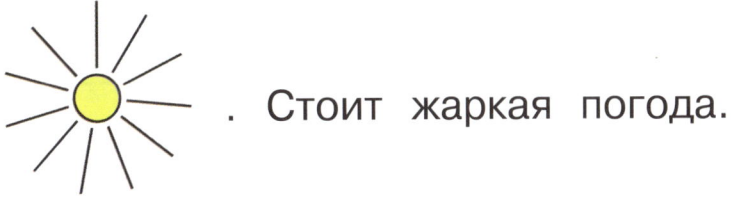

🌧 бывает редко, но после него можно увидеть 🌈. На полях и лугах много 🌼.

Над ними порхают 🦋 и 🦗.

Весело жужжат 🐝. Дети 🏊, играют в ⚽. Хорошо летом!

Познаем мир

? Что изображено на рисунках? Это явления природы.

Какие явления природы бывают летом? Отметь крестиком картинки с летними явлениями природы.

ДОЖДЬ   РАДУГА   СНЕГ С ДОЖДЕМ

СНЕГ   ВЬЮГА   МОЛНИЯ

! Зачеркни карандашом рисунки с явлениями природы, которых летом не бывает.

Занятие 5

269

Раскрась цветными карандашами одежду, которую носят летом.

Познаем мир

! Дополни предложения, называя нарисованные предметы.

Осенью холодно. Часто идёт   .

Желтеют, краснеют и опадают    . Вянет и сохнет   .   летают в тёплые края.

По утрам бывают заморозки и    покрываются тонким льдом.    одеваются тепло.

? Отметь крестиком рисунок, на котором изображена осень.

Занятие 5

Обведи и раскрась цветными карандашами осенние листочки. Каким деревьям они принадлежат?

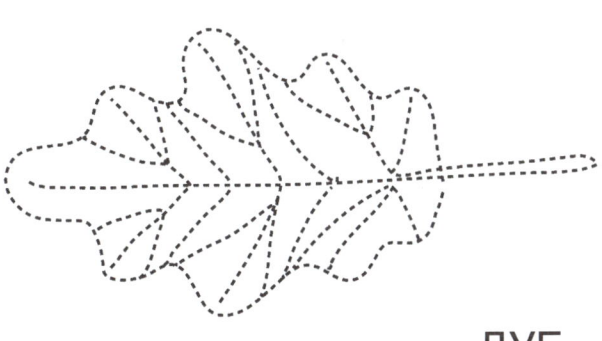

ЛИПА

ДУБ

РЯБИНА

КЛЁН

Познаем мир

? Как ты думаешь, что такое листопад?

Многие птицы осенью улетают в тёплые страны. Первыми улетают ласточки и стрижи. За ними журавли и грачи. А последними улетают утки и гуси. Таких птиц называют ПЕРЕЛЁТНЫМИ.

? Рассмотри рисунки и назови перелётных птиц.

ЛАСТОЧКА  СТРИЖ  ЖУРАВЛЬ

УТКА  ГРАЧ  ГУСЬ

Занятие 6
ОВОЩИ, ФРУКТЫ

? Назови овощи, которые выращивают в огороде.

МОРКОВЬ  РЕПА  РЕДИС

КАПУСТА 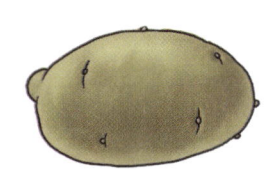 КАРТОФЕЛЬ  ЛУК

ОГУРЕЦ  ПОМИДОР  СВЁКЛА

274 Познаем мир

? Назови фрукты, которые выращивают в саду.

Летом и осенью собирают урожай фруктов.

ЯБЛОКО   ГРУША   АБРИКОС   АПЕЛЬСИН

ПЕРСИК   СЛИВА   ВИШНЯ   ВИНОГРАД   БАНАН

Занятие 7
ЧЕЛОВЕК

? Расскажи, кто изображён на рисунках. Расскажи, как будешь меняться ты.

МЛАДЕНЕЦ   МАЛЫШ   РЕБЁНОК   ПОДРОСТОК

ЮНОША   МУЖЧИНА   ПОЖИЛОЙ ЧЕЛОВЕК   СТАРИК

В течение жизни человек меняется внешне. Это происходит от того, что меняется возраст человека.

Занятие 8

ОДЕЖДА, ОБУВЬ, ГОЛОВНЫЕ УБОРЫ

? Рассмотри и назови предметы. На какие группы можно их разделить?

ПЛАТЬЕ  БРЮКИ  КУРТКА

РУБАШКА  МАЙКА  ШУБА

ШЛЯПА  ПАНАМКА  ТУФЛИ

БОСОНОЖКИ  САПОГИ

Занятие 8

Все эти предметы можно разделить на 3 группы.

ГОЛОВНЫЕ УБОРЫ

ШЛЯПА

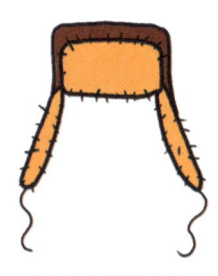

ШАПКА

КЕПКА

ПАНАМКА

ПЛАТОК

ОБУВЬ

КРОССОВКИ

САПОГИ

ТУФЛИ

БОТИНКИ

БОСОНОЖКИ

Познаем мир

ОДЕЖДА

ПЛАТЬЕ  ШУБА 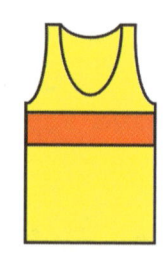 МАЙКА

БРЮКИ  КУРТКА  РУБАШКА

> **!** Зачеркни карандашом лишний предмет. Объясни свой выбор.

Занятие 9
ДОМАШНИЕ ЖИВОТНЫЕ

? Кто изображён на рисунке? Где они живут? Что дают эти животные человеку?

Эти животные называются ДОМАШНИМИ. Человек строит для них жильё, кормит и ухаживает за ними.

Познаем мир

? Кто чей детёныш?

КУРИЦА

КОЗЛЁНОК

ЯГНЁНОК

КОРОВА

ПОРОСЁНОК

СВИНЬЯ

ЦЫПЛЁНОК

ЖЕРЕБЁНОК

ТЕЛЁНОК

ОВЦА   КОЗА   ЛОШАДЬ

✎ Соедини стрелками животное и его детёныша. Работай карандашом.

? Рассмотри рисунки и скажи, кто чем защищается.

Занятие 9

? Какие деревья растут в лесу? Посмотри на рисунки и запомни.

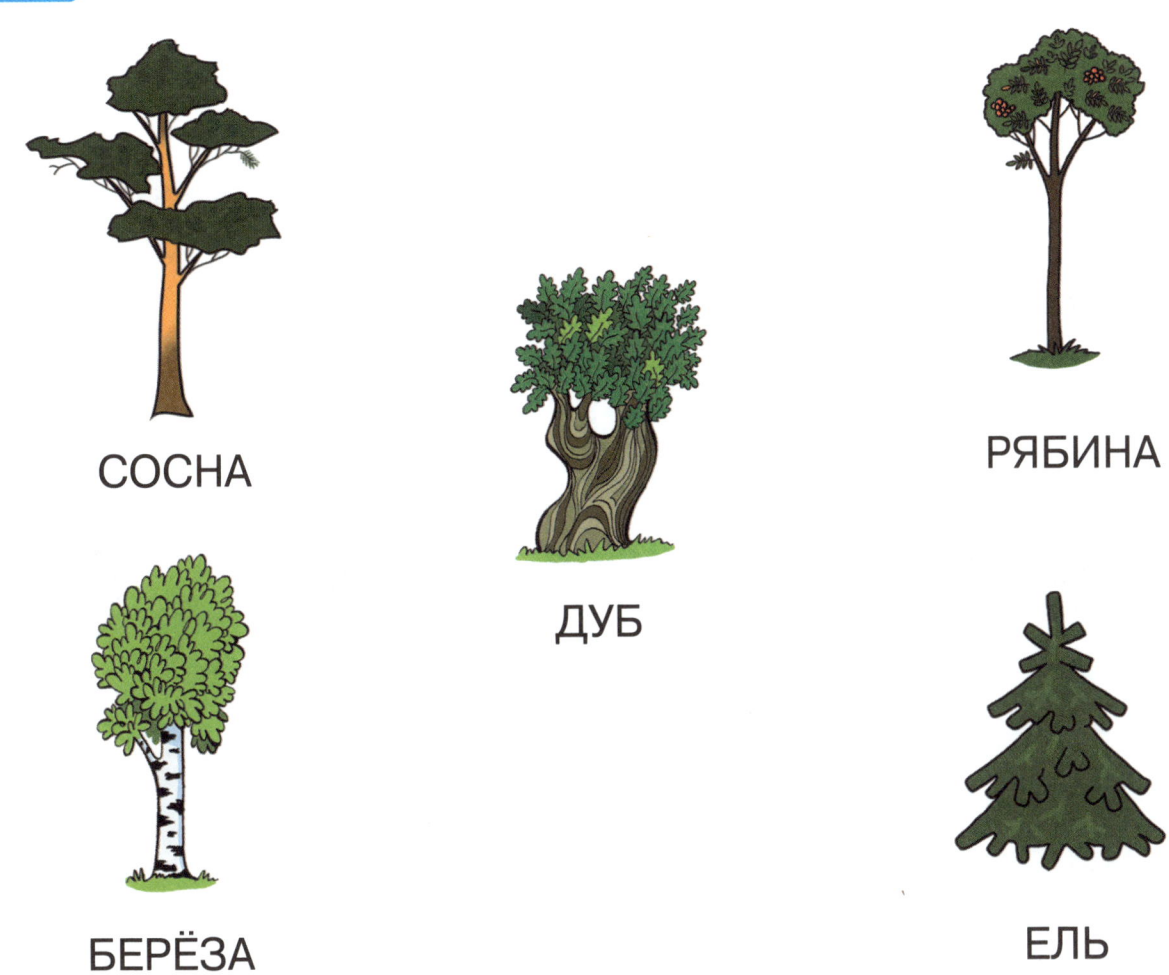

СОСНА

РЯБИНА

ДУБ

БЕРЁЗА

ЕЛЬ

! Дополни предложения, называя рисунки.

Лес — это место, где много-много разных _____ , а также _____ и _____ . В лесу можно собирать _____ и _____ .

Познаем мир

Деревья бывают хвойные и лиственные. На ветках хвойных деревьев растут иголки. На лиственных деревьях — листочки.

? Назови хвойные деревья.
Назови лиственные деревья.

? Что ещё, кроме деревьев, можно увидеть в лесу? Посмотри на рисунки и скажи.

ЗЕМЛЯНИКА   МАЛИНА   ЧЕРНИКА   ГРИБЫ

! Отгадай загадки.

Дом со всех сторон открыт,
Он резною крышей крыт.
Заходи в зелёный дом —
Чудеса увидишь в нём.

(Лес)

Сидит рядом с нами,
Смотрит чёрными глазами.
Черна, сладка, мала
И ребятам мила.

(Черника)

Занятие 10
ДИКИЕ ЖИВОТНЫЕ

? Назови животных, изображённых на рисунке.

? Где живут эти звери?
Кто строит им жилище?
Кто добывает им корм?

Эти животные называются ДИКИМИ. Они живут в лесу, сами добывают себе пищу и устраивают жильё.

284 Познаем мир

? Кто чей детёныш?

БЕЛКА

ЁЖ

ЛОСЬ

МЕДВЕДЬ

ЛИСА

ВОЛК

ЛИСЁНОК

ЛОСЁНОК

БЕЛЬЧОНОК

ВОЛЧОНОК

МЕДВЕЖОНОК

ЕЖОНОК

✎ Соедини стрелками животное и его детёныша. Работай карандашом.

Занятие 10

285

? Кто чем питается?

БЕЛКА

МЕДВЕДЬ

ЗАЯЦ

ЛОСЬ

ЛИСА

МЫШЬ

МУХОМОР

МАЛИНА

ТРАВА

ОРЕХ

Соедини стрелками животных и их пищу. Работай карандашом.

Занятие 11
ЗООПАРК И ЗВЕРИ

? Где можно увидеть животных со всего света? Каких зверей ты видел в зоопарке? Назови.

Занятие 11

? Кто где живёт?

ЁЖ

ЛОШАДЬ

ДОМ

КУРЯТНИК

БЕЛКА

МЫШЬ

ГНЕЗДО

КОТ

ПЕТУХ

ПЕНЬ

СОРОКА

НОРА

КОНУРА

СОБАКА

КОНЮШНЯ

ДУПЛО

Соедини стрелками животных и их жильё. Работай карандашом.

Занятие 12
ВРЕМЕНА ГОДА

! Расскажи, чем отличаются рисунки.

Занятие 12

289

Раскрась деревья цветными карандашами в соответствии с временами года.

ЗИМА

ВЕСНА

ЛЕТО

ОСЕНЬ

Занятие 13
ЗИМА

? Рассмотри рисунок. Какое время года на нём изображено?

! Дополни рассказ, называя картинки.

Зимою морозно. Идёт [снег]. Бывают [метели]. Дети катаются на [санках]. лепят [снеговика]. [Заяц] поменял шубку и стал беленьким. На деревьях можно увидеть [снегиря].

Занятие 13

? Рассмотри рисунки. Расскажи о зимних забавах детей.

? Рассмотри рисунки и скажи, как люди зимой заботятся о животных и птицах.

Занятие 14
ПТИЦЫ

? Рассмотри и назови каждую птицу.

| ВОРОБЕЙ | ЛАСТОЧКА | ВОРОНА | СИНИЦА |

| ДЯТЕЛ | СОРОКА | СНЕГИРЬ | ОРЁЛ |

| СОЛОВЕЙ | СКВОРЕЦ | КУКУШКА | СТРИЖ |

Занятие 14

293

Эти птицы на зиму улетают в тёплые края. Их называют ПЕРЕЛЁТНЫМИ.

СОЛОВЕЙ   ЛАСТОЧКА   СКВОРЕЦ   ЖУРАВЛЬ

Эти птицы не улетают, а остаются зимовать. Их называют ЗИМУЮЩИМИ.

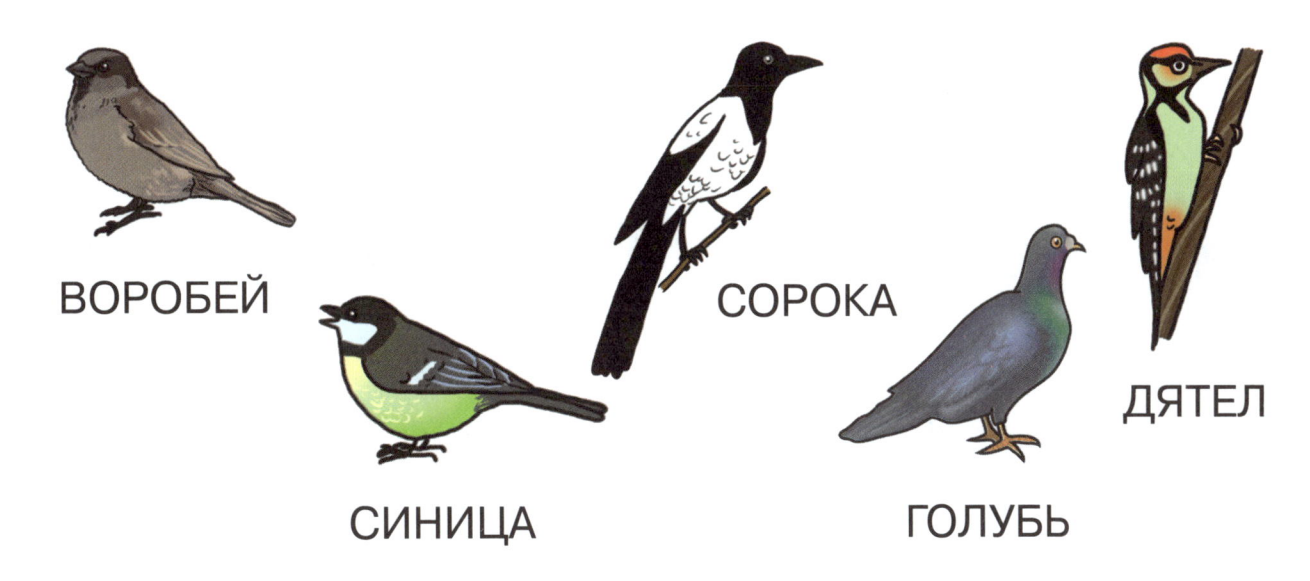

ВОРОБЕЙ   СОРОКА   ДЯТЕЛ

СИНИЦА   ГОЛУБЬ

? Посмотри на рисунки. Почему этих птиц можно объединить в одну группу?

Познаем мир

> ! В каждой строке зачеркни лишний рисунок. Объясни свой выбор.

ВОРОБЕЙ   СОРОКА   КУРИЦА   ВОРОНА   ДЯТЕЛ

СОРОКА   КУРИЦА   ПЕТУХ   ГУСЬ   УТКА

СОЛОВЕЙ    ПИНГВИН    ИНДЮК    СТРАУС

Занятие 15

ВОДА

? Рассмотри рисунки и скажи, кому для жизни нужна вода.

Познаем мир

? Рассмотри рисунки и расскажи, как человек использует воду.

? Расскажи, можно ли пить эту воду.

ЛУЖА ОЗЕРО БОЛОТО

МОРЕ ПРУД РЕКА

Питьевая вода отличается от природной воды. Пить можно только питьевую воду.

Занятие 15

Обведи синим карандашом тех, кто живёт в воде.

ЧЕЛОВЕК	ЁРШ	ГУСЬ
РАК	УТКА	УЛИТКА
ОСЬМИНОГ	ДЕЛЬФИН	ПИНГВИН

Занятие 16
РЫБЫ

? Рассмотри и назови рисунки. Как их можно назвать одним словом?

| ЩУКА | ПЕСКАРЬ | ОКУНЬ |

| ЁРШ | КАРАСЬ | ЛЕЩ |

| СОМ | СУДАК | ФОРЕЛЬ |

Занятие 16

? Назови места, где живут рыбы.

МОРЕ   ОЗЕРО   ПРУД   РЕКА

! Отгадай загадку.

Посмотрите, дом стоит,
До краёв водой налит.
Без окошек, но не мрачный,
С четырёх сторон прозрачный.
В этом домике жильцы,
Все умелые пловцы.

Обведи и раскрась рыбок цветными карандашами.

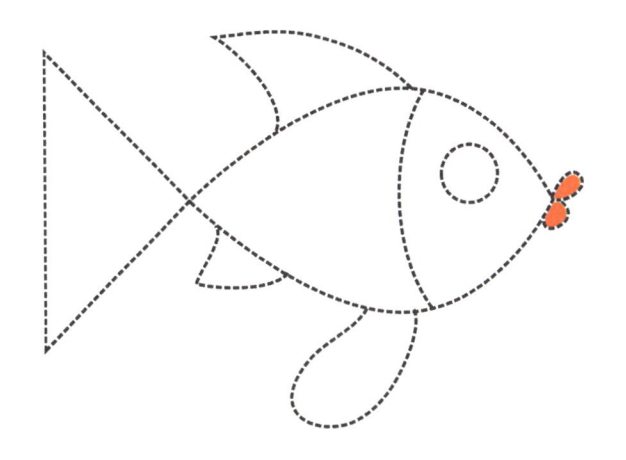

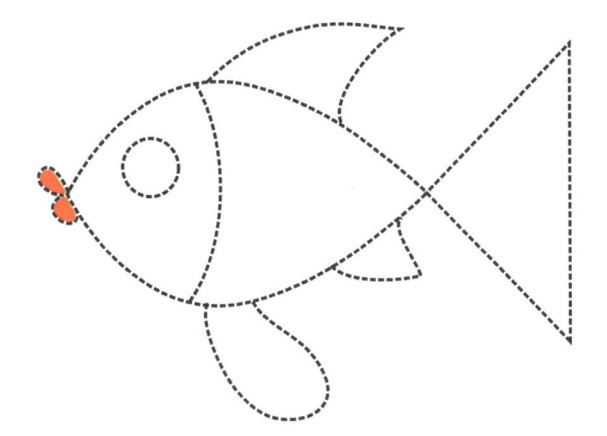

Занятие 17
СУТКИ. НЕДЕЛЯ

? Расскажи, в какое время ты завтракаешь, обедаешь, ужинаешь?

УТРО  ДЕНЬ  ВЕЧЕР  НОЧЬ

ЗАВТРАК  ОБЕД  УЖИН

? Какое время суток изображено на рисунках?

Занятие 18
НЕДЕЛЯ

? Вспомни и расскажи, что ты делал вчера утром, днём, вечером.

! Расставь в клеточках цифры в правильном порядке.

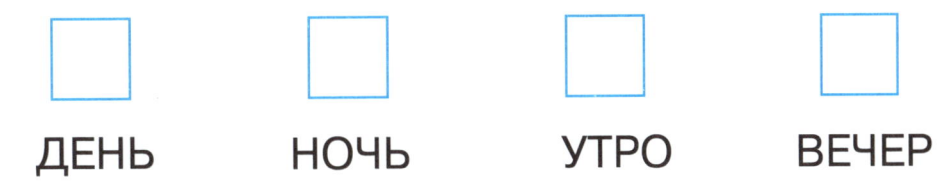

☐ ☐ ☐ ☐

ДЕНЬ   НОЧЬ   УТРО   ВЕЧЕР

В неделе семь дней. Каждый день имеет своё название.

Запомни их:

1 день — понедельник
2 день — вторник
3 день — среда
4 день — четверг
5 день — пятница
6 день — суббота
7 день — воскресенье

? Назови, какой день недели сегодня.
Какой день был вчера? Какой будет завтра?

Занятие 19
ВЕСНА

! Дополни предложения, называя рисунки.

Пришла _____ . Весною ярче светит _____ .

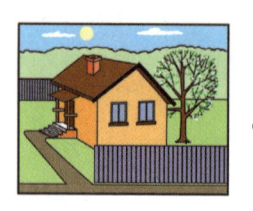

Тает _____ . Появляется _____ и первые _____ . На деревьях распускаются _____ .

Бегут ручьи, _____ запускают кораблики. Прилетают _____ . Все рады весне.

Занятие 19

303

? На каком рисунке изображена весна?

Весной из тёплых стран к нам возвращаются:

СКВОРЕЦ   ЛАСТОЧКА   ЖУРАВЛЬ   СОЛОВЕЙ

Познаем мир

Весной просыпаются животные, которые спали зимой:

| ЁЖ | МЕДВЕДЬ | ЗМЕЯ | ЛЯГУШКА |

Весной цвет шубки поменяют:

| БЕЛКА | ЗАЯЦ | ЕНОТ |

Занятие 20
РАСТЕНИЯ И ВРЕМЕНА ГОДА

> Обведи в кружок только те деревья, которые весной наденут листочки. Назови их.
> Отметь крестиком деревья, которые и зимой и летом одним цветом. Назови их.

СОСНА ДУБ РЯБИНА

БЕРЁЗА ЕЛЬ

306　Познаем мир

> ! Догадайся, какое время года у каждого пенька. Соедини предметы в кружочках с нужным пеньком.

Занятие 21
ЦВЕТЫ

? Назови рисунки одним словом. А теперь назови каждый цветок.

РОМАШКА    ВАСИЛЁК    КОЛОКОЛЬЧИК    ТЮЛЬПАН

АСТРА    НАРЦИСС 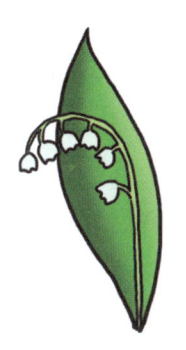   ЛАНДЫШ    ОДУВАНЧИК

ЗВЕРОБОЙ    МЕДУНИЦА    КАКТУС    БЕГОНИЯ

Познаем мир

! Дополни предложения, называя рисунки.

Цветы бывают комнатные:  ,

полевые  , луговые  , также

лесные  , садовые

? Что изображено на рисунках? Приведи примеры растений, которые можно встретить в поле, на лугу, в лесу, в саду.

ПОЛЕ

ЛУГ

ЛЕС

САД

Занятие 21

! В каждом ряду зачеркни лишний цветок. Объясни свой выбор.

РОЗА    АСТРА    ОДУВАНЧИК    ТЮЛЬПАН

НАРЦИСС    КОЛОКОЛЬЧИК    РОМАШКА

ЗВЕРОБОЙ 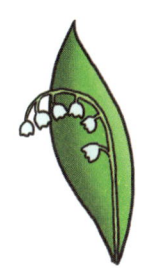   ЛАНДЫШ    АСТРА

! Отгадай загадку.

Голубые точки
На тонком стебелёчке.

Занятие 22
НАСЕКОМЫЕ

? Рассмотри рисунки и назови каждого. А как можно всех назвать одним словом?

| МУРАВЕЙ | КУЗНЕЧИК | МУХА | ПЧЕЛА |

| БАБОЧКА | ЖУК | СТРЕКОЗА | ШМЕЛЬ |

✏ Нарисуй цветными карандашами насекомое, которое ты считаешь самым красивым.

Занятие 22

! Кто где живёт?

✎ Соедини стрелками насекомых и их домики.

✎ Чего не хватает каждому насекомому? Дорисуй цветными карандашами.

Занятие 23
ВРЕМЕНА ГОДА

? Расставь цифры в клеточках по порядку времён года.

Занятие 23

? Как веточка будет выглядеть весной, зимой, летом и осенью?

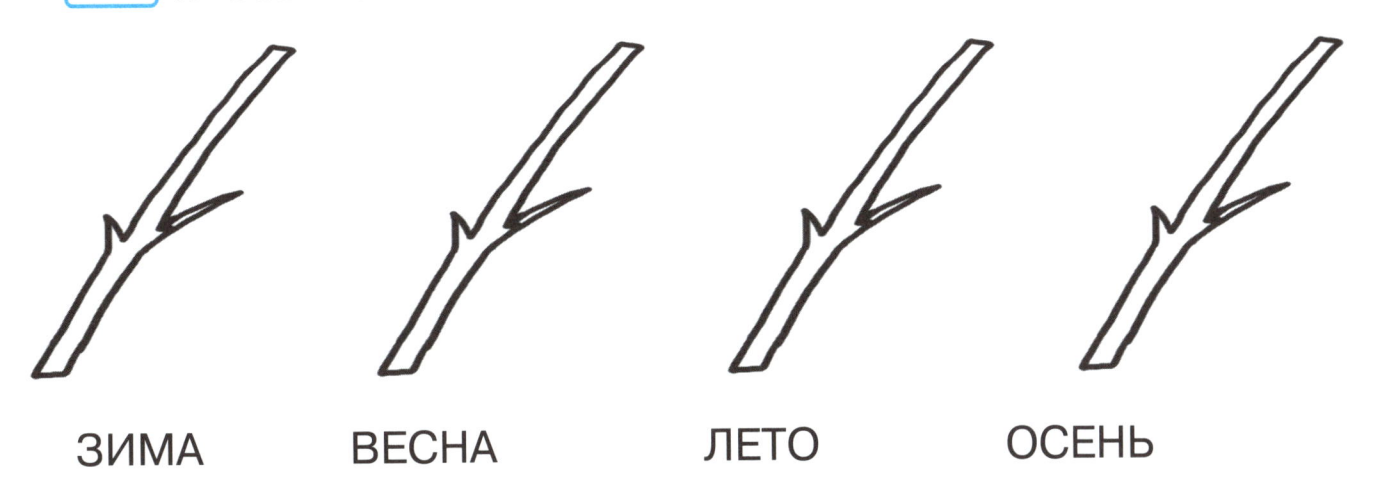

ЗИМА ВЕСНА ЛЕТО ОСЕНЬ

✎ Дорисуй цветными карандашами.

✎ Обведи одежду, которую носят весной.

Занятие 24
МЕБЕЛЬ

? Рассмотри и назови каждый предмет.
А теперь назови все предметы одним словом.

СТОЛ ШКАФ ТУМБОЧКА ПОЛКИ

СТУЛ ДИВАН КРОВАТЬ

? Рассмотри рисунки и расскажи, чем отличается кресло от стула.
Чем отличается диван от кровати?

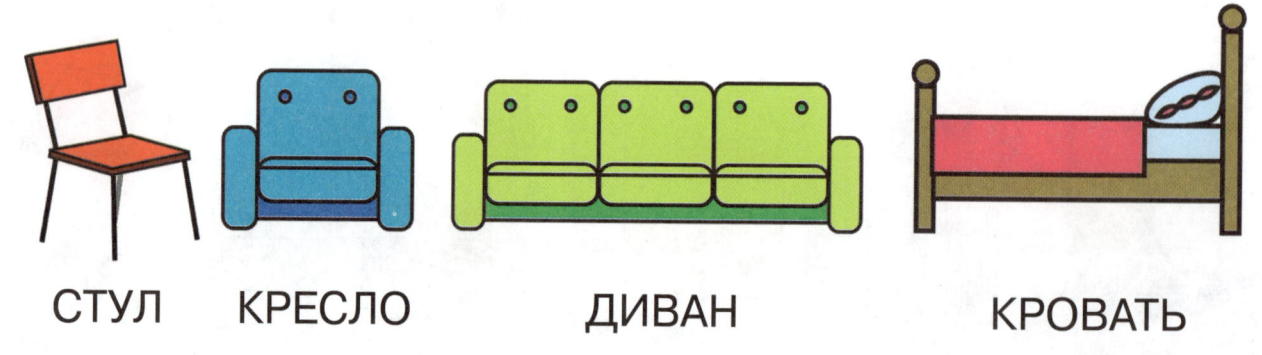

СТУЛ КРЕСЛО ДИВАН КРОВАТЬ

Занятие 24

! Положи каждого медведя в свою кроватку.

! Правильно ли разложены предметы? Расскажи, что нужно исправить.

Занятие 25
ПОСУДА

? Что ты видишь на рисунке?

Занятие 25

317

? Рассмотри рисунки. Что на них изображено?

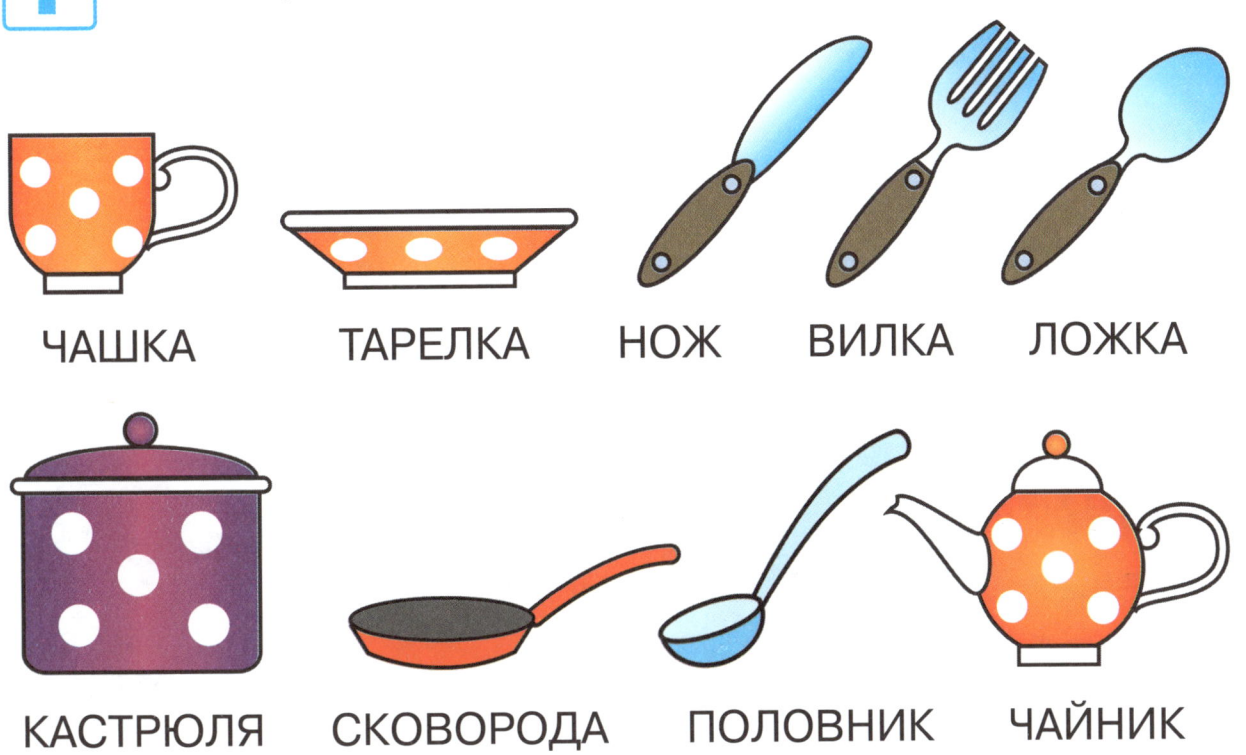

ЧАШКА   ТАРЕЛКА   НОЖ   ВИЛКА   ЛОЖКА

КАСТРЮЛЯ   СКОВОРОДА   ПОЛОВНИК   ЧАЙНИК

? Какие предметы будут на столе во время обеда?

Занятие 26
ПОЧТА

? Рассмотри рисунки. Кто приносит эти предметы людям?

ГАЗЕТА

БАНДЕРОЛЬ

ПИСЬМО

ЖУРНАЛ

ОТКРЫТКА

ПОСЫЛКА

! Проследи, какой путь проходит письмо. Расставь в клеточках цифры в правильном порядке.

Занятие 26

? Что нужно указать для того, чтобы письмо дошло до адресата?

Знаешь ли ты свой домашний адрес? Выучи его.

От кого _____
Откуда _____
_____
Индекс места отправления

Кому _____
_____
Куда _____
_____
Индекс места назначения

Напиши вместе с родителями письмо бабушке, дедушке или своему другу.

Содержание

Начинаем считать 5

Изучаем звуки и буквы 87

Готовим руку к письму 185

Познаем мир 257